U0506715

宋元史料叢刊

大元至元辨僞録

〔元〕祥邁 撰
楊曉春 張平鳳 整理

上海古籍出版社

圖書在版編目 (CIP) 數據

大元至元辨僞録 / (元) 祥邁撰 ; 楊曉春, 張平鳳整理. -- 上海 : 上海古籍出版社, 2025. 5. -- (宋元史料叢刊). -- ISBN 978-7-5732-1615-1

Ⅰ. B949. 2

中國國家版本館 CIP 數據核字第 2025AF7463 號

宋元史料叢刊

大元至元辨僞録

〔元〕祥　邁　撰

楊曉春　張平鳳　整理

上海古籍出版社出版發行

（上海市閔行區號景路 159 弄 1-5 號 A 座 5F　郵政編碼 201101）

（1）網址：www. guji. com. cn

（2）E-mail：guji1@guji. com. cn

（3）易文網網址：www. ewen. co

山東韻傑文化科技有限公司印刷

開本 850×1168　1/32　印張 5. 875　插頁 3　字數 98,000

2025 年 5 月第 1 版　2025 年 5 月第 1 次印刷

ISBN 978-7-5732-1615-1

K·3867　定價：52. 00 元

如有質量問題,請與承印公司聯繫

宋元史料叢刊編輯緣起

平時研究與教學過程中，往往會閲讀、利用一些篇幅雖然不大，但是史料價值較高，却尚未得到現代整理或者已有整理工作尚待完善的歷史文獻，尤其以有關元代歷史和宋元之際、元明之際歷史的文獻居多，於是萌生出專門整理此類歷史文獻並彙編成叢書的設想。

自二〇一七年提出初步想法並開列十八種歷史文獻的書單至今，不覺已經七年之久。現在上海古籍出版社的鼎力支持下，叢刊即將陸續出版，謹略述緣起如上。

並略作本叢刊整理的基本説明如下：

一、整理以標點（標綫）與校勘即點校爲基本的方式。

二、除了點校這一主體工作，還盡量通過各種附録（索引）的編製，增加所整理的歷史文獻的閲讀和使用的便利度，增强整理工作的學術性。至於附録（索引）的具體編製方式，則不拘一格。

楊曉春

二〇二四年八月一日

前言

一

佛教和道教是中國歷史上最爲主要的兩種宗教，彼此關係密切，既有互相吸收的一面，也有互相競争的一面。公元十三世紀初蒙古勢力興起之後，也不免給傳統的佛道關係注入了新的因素。蒙古作爲一種新興政治力量，從嶄露頭角到攻滅金朝也經歷了四十年的時光，中原北方地區不同的宗教團體對其認識和估計也有所不同。大致説來，以全真教爲主的道教方面較早認識到蒙古勢力可能會主導以後的政局，經過丘處機、李志常等宗教領袖的努力，較先進入蒙古統治層的視野，成爲蒙古政權在中原北方統治的協助者，因而獲得了優先發展權。在這一過程中，道教發展快速，不免大量侵蝕了佛教的利益。不過，佛教方面很快也投向蒙古勢力，尋求庇護。特别是隨著蒙古統治階層對藏傳佛教的青睞，佛教方面給予道教相當的反擊。新一輪的佛道論衡，因此而産生。

從憲宗蒙哥到世祖忽必烈時期，先後發生了由蒙古統治者組織的四次佛道辯論。其中第二次道教方面無人到場，所以嚴格説來是三次，爲便於叙述，姑且稱一共四次。

第一次發生在憲宗五年（一二五五年）。此年，少林裕長老（雪庭福裕）陳奏道教占據佛寺、僞造道經等事，蒙哥命當廷辯論。李志常等理屈，憲宗頒焚毁道教僞經、改正三教塑像位置聖旨。

第二次發生在憲宗六年（一二五六年）。此年五月，那摩大師與少林長老等北上哈喇和林，邀約李志常等大行辯論，道教方未到，判爲理短，朝廷再頒毁道教僞經、道觀改回佛寺聖旨。

第三次發生在憲宗八年（一二五八年）。憲宗七年（一二五七年），少林長老、金燈長老再上書朝廷（另説在憲宗八年，上書者爲罽賓大師蘭麻、總統少林福裕），要求辯論，憲宗命令至開府開平的藩王忽必烈處進行。次年即憲宗八年舉行辯論，佛教方面，以少林長老爲首，除了漢地僧人，還有那摩國師、拔合斯八國師、西蕃國師、河西國僧、大理國僧，共三百餘人；道教方面，以張真人（張志敬）爲首，共二百餘人；此外，還有儒士竇默、姚樞和官僚等二百餘人。這是中國歷史上規模最大的一次佛道辯論。結果道教失利，忽必烈頒布令旨，除了重申上次憲宗的聖旨外，還教張真人自行差人追取經文板木，限兩個月赴燕京聚集燒毀。根據約定，將道士樊志應等十七人削髮爲僧，焚僞經四十五部，爲道教所據者二百三十七所佛寺歸還佛教。此後，佛道之間斷斷續續還有不少争端。

第四次發生在世祖至元十八年（一二八一年）。至元十七年（一二八〇年），佛教方面狀告道士謀害僧録廣淵等，結果處死了道士二人，流放了十多人。此後，佛教方面又向皇太子匯報道教僞經尚存，也有官僚向世祖上奏道書詆毀佛教的情況。至元十八年，世祖命中央官僚數人和佛僧、道士多人在大都長春宮辯論道典真僞。官僚有前中書省左丞文謙、秘書監友直、釋教總統合台薩哩、太常卿忽都于思、中書省客省使都魯及翰林院臣多人，佛教方面有京僧録司教禪諸僧，道教方面有正一天師張宗演，全真掌教祁志誠，大道掌教李德和、杜福春等。結果是判定道典除道德經爲老子所著外，其他張道陵、寇謙之等所著者皆爲僞造，都要焚毀。事後，於十月二十日頒布聖旨一道。

大元至元辨僞録正是集中反映几次佛道辯論及相關史實的一部書籍。全書共五卷，前冠二序。此書相當於一部資料彙編，雖然篇幅不大，但是包含内容頗廣，因此全書結構也略顯複雜。全書署爲祥邁撰，但是並非都是祥邁的文字。主要包括四方面的内容：

第一部分爲佛教方面駁斥道教八十一化的文字，列作卷一、卷二。祥邁序謂：「爰有典教宗師少林和尚者，祖庭柱礎，梵宇棟梁，心質直而無私，性淵澄而深博。愍其愚瞽，蕩彼迷封，掃妖祲於長空，揭佛日而高朗。祥邁側聞斯論，不可惜言，嘉聖主之神聰，美少林之雅對。」則正文出自少林和尚即雪庭福裕，祥邁大概是記録者。此部分撰成於至元二年（一二六五年）。這一部分反映的是第三次佛道辯論中佛教方面駁斥道教八十一化的文字。

第二部分爲聖旨、令旨等官方公文四件，附於卷二。其一「禁斷道藏僞經聖旨」，或許爲第一次辯論後所頒。其二「至元十八年十月二十日聖旨」，有關第四次辯論的處理結果。其三「雞兒年六月二十八日聖旨」，當中統二年，有關第三次辯論後的後續争端的處理。其四「戊午年七月十一日忽必烈令旨」，當憲宗八年，此時忽必烈尚爲藩王，故稱令旨，此令旨有關第三次辯論的處理結果。

第三部分爲憲宗時期佛道争端史，爲祥邁所撰，列作卷三、卷四。此部分撰成於至元二十八年（一二九一年）。所載主要爲前三次辯論的狀况，尤其詳於第三次辯論。其中還引有憲宗五年焚毁僞經改正三教塑像位置聖旨（節文）、憲宗八年阿里不哥大王特傳憲宗焚毀僞經等聖旨（節文）、憲宗八年忽必烈大王除依蒙哥聖旨焚毀道教僞經外教張真人自行差人追取經文板木限兩個月赴燕京聚集燒毀令旨（節文），可以補卷二所録聖旨、令旨。

第四部分爲碑文等五種文獻，列作卷五。其一聖旨焚毀諸路僞道藏經之碑，署「翰林院臣唐方、楊文郁、王構、李謙、閻復、李濤、王磐等奉敕撰」，並署「至元二十一年三月」，所載主要爲第四次辯論事，對於此前的至元十七年道士誣告事、第三次辯論事也略有涉及。其二至元十七年六月日立石中書省告示碑，署「至元十七年六月日立石」，詳載有關至元十七年道士誣告事的處理。其三「至元十八年十月二十日舉火文」，署「至元十八年十月二十日」，「大都報恩禪寺林泉倫吉祥長老奉敕下火」，爲有關第四次辯論後佛教方面焚毀道經的情況。其四虛鐘受扣集，署「如意長老奉詔撰」，是反駁宋人石介的謗佛文字。其五聖旨特建釋迦舍利靈通之塔碑文，署「如意長老奉敕撰」，記述大都通玄關北永安寺建塔（妙應寺白塔）特别是地宫安置的狀況，與元代的佛道争端並無關係。此文宿白先生有專文注釋（宿白元大都聖旨特建釋迦舍利靈通之塔碑文校注，考古一九六三年第一期），德國學者傅海波也有英文翻譯和研究（Herbert Franke, Consecration of the『White Stūpa in 1279』, *Asia Major*, THIRD SERIES, Vol. 7, No. 1, 1994, pp. 155－184)。後兩種文獻所署之如意長老即祥邁，後文會有具體説明。

以上第二、四部分多非祥邁所撰，而分處兩卷，可能考慮到文獻性質的不同，第二部分爲聖旨、令旨等，第四部分爲碑文等；不過，也可能考慮到每卷的篇幅問題。

二

祥邁其人生平，記載很少，不過大元至元辨僞録倒是提供了不少有价值的信息。從大元至元辨僞録卷一首題下署可知，他是大都路道者山大雲峰禪寺傳法沙門，張伯淳大元至元辨僞録隨函序又稱他爲雲峰長老邁吉祥。元代僧人稱某吉祥者流行一時，稱祥邁爲邁吉祥亦在此列。至元勘同法寶總録前列「奉詔編修執筆校勘譯語證義諸師名銜」，共二十三人，其中僧人十五人，其名均作某吉祥。又佛祖歷代通載卷二十一引大元至元辨僞録云「大都道者山雲峰禪寺住持如意祥邁長老奉敕撰辯僞録五卷」，可知法名爲祥邁、法號爲如意。則大元至元辨僞録卷五收录虚鐘受扣集、聖旨特建釋迦舍利靈通之塔碑文二文，署作者爲如意長老，均爲祥邁所撰。由此，也明确可知貴吉祥大元至元辨僞録序叙述所及的如意事迹，就是指祥邁而言的。大略可知祥邁俗姓呼延，太原人，九歲出家。對於内典外書，均能精通，尤其善於作文。貴吉祥爲雲峰寺住持，所以對祥邁的生平有詳細的了解。祥邁所撰文章，存世的還有西京大華嚴寺佛日圓照明公和尚碑銘，收入清人胡聘之山右石刻叢編卷二十五（清光緒二十七年刻本）。此碑立於至元十年，署「興平府道者山大雲峰寺住持襲祖如意老人祥邁撰」。則知祥邁確爲能文之人。

卷二祥邁撰駁老子八十一化文後記云：「祥邁預斯嘉會，慶躍心靈，希前代之清塵，仰先哲之洪範。」可知他也參加了佛道辯論。祥邁所撰憲宗時期佛道争端史，正文中叙述丙辰年（憲宗六年，一二五六年）參與辯論的佛僧，有「開覺邁長老」，當即其自己，可知祥邁參與了第二次道教未到場的佛道辯論。又正文中叙述丁巳年（憲宗七年，一二五七年）之後參與辯論的佛僧，有「平灤路開覺邁長老」，而文末列出對道士持論師德一十七名，其中有「灤州開覺寺長老祥邁」，可知祥邁參加了憲宗八年（一二五八年）的第三次佛道辯論。卷二文中祥邁謂「每有雅談，預聞座末」，即指參與了佛道辯論。祥邁撰駁老子八十一化文序署「至元二年（一二六五年）」，正是在此之後。又此序署「絶筆於萬壽蘭若」，萬壽蘭若蓋即大都之萬壽寺。析津志載：「大萬壽寺。寺有金世宗、章宗后御容，又有佛，見收常住寺内，有施宜生碑文，備載事實。」（〔元〕熊夢祥著，北京圖書館善本組輯析津志輯佚，北京古籍出版社，一九八三年，第六九頁）日下舊聞考載：「原永光寺，元大萬壽寺也。曹洞下青州辨公居之。寺有大萬壽寺開山傳法歷代宗師實迹碑記，文字磨泐。又明正統十一年一碑，本山住持本恩立石，昭化寺住持妙清碧潭篆額。碑稱辨公居此，湛然、屏山居士爲其上首外護。湛然即耶律文正公楚材，屏山金李翰林純甫也。析津日記。」（〔清〕于敏中、英廉等奉敕編撰欽定日下舊聞考卷六十一城市外城北城，景印文淵閣四庫全書第四九七册，第八六六頁。）

傳世典籍中有關祥邁的傳記，查得有三處，均極簡略。一爲明代釋鑒稽古略續集載：「如意禪師諱祥邁，博通内外典章，洞徹淵微理致，住持名都巨刹。應旨撰辨僞録五卷，制伏允愜。有弘傳序注，載法華要解。」（〔明〕釋大聞釋鑒稽古略續集卷一，大正新修大藏經，第四十九册，No. 2038，第九〇七頁）一爲清代盤山志卷九方外二載：「祥邁字如意，悟證出群，辯才無礙。至元中，奉皇帝敕撰辨譌録五卷，附藏流通。」（〔清〕蔣溥等奉敕撰欽定盤山志卷九方外二元，景印文淵閣四庫全書第五八六册，第一八九頁）此外雍正畿輔通志亦載：「祥邁，别號如意野老，住持昌黎道者山。嘗著蓮華經序。成佛前祝曰：某愚昧不能闡發大道，如文可傳，碎而復合。乃剪撒之，須臾微風鼓湊如故，一字不亂。衆異之，遂刊傳。」（〔清〕唐執玉、李衛等監修，田易等纂修畿輔通志卷八十五人物仙釋永平府明，景印文淵閣四庫全書第五〇五册，第九三五頁）然而列在明代，當誤。

綜合可知，祥邁爲法名，故又稱邁吉祥、邁長老，法號如意，故又稱如意長老、如意禪師、如意老人。蒙古憲宗、元世祖至元間，先後駐錫於開覺寺（灤州）、萬壽寺（大都）、雲峰寺（大都）。

三

大元至元辨僞録之編纂，出自元世祖的命令。張伯淳序云：「至元辛卯之歲孟春，大雲峰長老邁吉祥欽奉皇帝明命，撰述至元辨僞録，奏對天顔，睿覽頒行，入藏流通。」故而卷一首題下署「祥邁奉敕實録撰」。至元辛卯爲二十八年（一二九一年）。祥邁受命編纂此書，和他參與佛道辯論顯然是有關的。

大元至元辨僞録撰成後即入藏，是哪一部藏經呢？當是元代官藏弘法藏。弘法藏是否真實存在，曾引起過争論。一九八四年北京智化寺發現三卷元代官藏印本之後，弘法藏的存在得到肯定（許惠利北京智化寺發現元代藏經，文物一九八七年第八期）。上述至元二十八年大元至元辨僞録纂成之後「入藏流通」，正是弘法藏編纂、刊印之時。

大元至元辨僞録又多寫作辯僞録，如前引佛祖歷代通載，如閲藏知津。這類後出的寫法是不準確的，不過這種寫法出現得很早，元單刻本中已見。而現存最早的版本磧砂藏本寫作辨僞録，正出自此書的主體部分即卷一、卷二之辨老子八十一化僞，每引老子八十一化原書一處文字，則以「辨曰」起頭予以辯駁。

四

大元至元辨僞録的版本情况，比較簡單。存世的版本主要有兩個系統：一個是元代以來歷代的佛教大藏經系統的各種版本，從早到晚，分别有元磧砂藏本、明永樂南藏本、明永樂北藏本、明徑山藏本、清龍藏本、日本大正藏本。其中年代最早的爲磧砂藏本，千字文編號爲何一至何五，經折裝，每折六行行十七字（偶或有一行十八字者，如卷三第三葉，甚或有一行多至二十字者，如卷三第十六葉）。影印宋磧砂藏經（第五八五册）據此本影印、中華大藏經（第七三册第一六七一種）又據影印宋磧砂藏經影印，影印宋磧砂藏經拼成每葉六十行。另一個系統則是單行的元代刻本（元單刻本），爲線裝，半葉十行行二十字。北京圖書館古籍珍本叢刊（第七七册）、續修四庫全書（第一二八九册）、中華再造善本均據此本影印。三種叢書所據底本是一樣的，均爲中國國家圖書館所藏。國圖藏本書前的張伯淳大元至元辨僞録隨函序、貴吉祥大元至元辨僞録序和卷一的祥邁撰至元二年序均有殘缺。

元單刻本也出自藏經。此本張伯淳大元至元辨僞録隨函序題名下有「何字函」三字，第五卷末題「大元至元辨僞録卷第五終」一行字下有「以上並在藏何字函」二行小字。卷五末題之後另有售書書單六行，全書最末爲音釋一葉，這是磧砂藏本所没有的。

相當多的異文，元單刻本、南藏本、徑山藏本相同而與磧砂藏本不同，使人懷疑南藏本以下均出自元單刻本而非磧砂藏本。而元單刻本亦很可能出自元弘法藏本。

總之，現存諸本中以磧砂藏本和元單刻本時代最早，也最爲重要。從文字的準確度而言，元單刻本更佳；從内容的完整性而言，則推磧砂藏本。因此磧砂藏本最合適作爲底本，而元單刻本則最適合作爲主要的參校本。

五

大元至元辨僞録一書，向無完善的整理本。大正藏本可以視作一種現代整理本，但是缺乏足夠的校勘，句讀的錯誤也比較多見。中華大藏經影印磧砂藏本的同時，還參校了南藏本、徑山藏本，寫有校勘記，但是只注異文，不加判斷。

本次校勘，以中華大藏經影磧砂藏本爲底本（偶有不夠清晰之處，核對了影印宋磧砂藏經本），通校元單刻本，參校（永樂）南藏本、（永樂）北藏本、徑山藏本，偶或參考大正藏本。參校南藏本和徑山藏本係吸收的中華大藏經的校勘成果；參校北藏本則用線裝書局影印本永樂北藏（第一七六册）。

本次標點，爲了便於閲讀，盡量斷成比較短的句子，還適當地進行了分段。標點過程中，對於大正藏本也有所參考。

除了校勘和標點標線，本次整理還新編了目録和索引。原書没有目録，新編目録將兩序之名和正文卷五「聖旨焚毁諸路僞道藏經之碑」「虚鐘受扣集」「聖旨特建釋迦舍利靈通之塔碑文」諸題徑直移入，其他則係新擬。而「辨老子八十一化僞」之下的細目，除了「序」「論」之外，均從正文原題移入，或略作修改。索引則設計了人名索引、地名索引、寺觀名索引和書名索引四大類。

最後需要説明的是關於文字的處理，此次整理將各類異體字基本上改成了通行字，偶或考慮到元代用字的習慣，保留少部分的異體字。

本書的整理，發端於二〇一二年，確定了體例，並點校了其中的一部分。再次啓動則在二〇一五年，初稿完成於二〇一六年。二〇一八年還和南京大學歷史學院博士研究生顧寅森一起讀過初稿，承蒙他提出一些完善的意見，謹此致謝。

此次重新拾起，主要做了一些拾遺補闕、化繁爲簡的工作。一部篇幅不大的古籍的整理，前後已歷十年，一而再，再而三，反反復復，實在談不上精益求精，倒是不免味同嚼蠟之感。勉强收尾，自知錯漏難免，敬請讀者指教。

楊曉春、張平鳳

二〇二二年八月二十二日

目録

卷三

卷四

卷五

大元至元辨僞録索引……………一

大元至元辨僞録隨函序

翰林直學士、奉訓大夫、知制誥同修國史臣張伯淳撰

天無私覆，地無私載，日月無私照，辨僞録之所云，良有以也。洪惟聖朝，繼天立極，論道經邦，以佛心子育萬方，以正法澤被四海。至元辛卯之歲孟春，大雲峰長老邁吉祥欽奉皇帝明命，撰述至元辨僞録，奏對天顔，睿覽頒行，入藏流通。

原其所自，乙卯間道士丘處機、李志常等毁西京天城夫子廟爲文城觀，毁滅釋迦佛像、白玉觀音、舍利寶塔，謀占梵刹四百八十二所，傳襲王浮僞語老子八十一化圖，惑亂臣佐。時少林裕長老，率師德詣闕陳奏，先朝蒙哥皇帝玉音宣諭，登殿辨對化胡真僞，聖躬臨朝親證。李志常等義墮辭屈，奉旨焚僞經，罷道爲僧者十七人，還佛寺三十七所。黨占餘寺，流弊益甚。丁巳秋，少林復奏，續奉綸旨，僞經再焚，僧復其業者二百三十七所。由乙卯而辛酉，凡九春，而其徒鼠匿，未悛邪説，謟行屏處，猶妄驚瀆聖情。由是至元十八年冬，欽奉玉音，頒降天下，除道德經外，其餘説謊經文，盡行燒毁，道士愛佛經者

爲僧，不爲僧道者娶妻爲民。當是時也，江南釋教都總統永福楊大師璉真佳大弘聖化，自至元二十二春至二十四春，凡三載，恢復佛寺三十餘所，如四聖觀者，昔孤山寺也；〔一〕道士胡提點等捨邪歸正，罷道爲僧者，奚啻七八百人，掛冠於上永福帝師殿之梁栱間。

故典如南嶽山之券，爲事僞者戒。試嘗考之：自大教西來，漢明帝迎摩騰、竺法蘭二師於洛陽，五嶽道士褚善信等上表譏毀佛法，當時築壇，以佛、道二經焚之，道經悉爲灰燼，佛經放光無損，尊者踊身作十八變，有「狐非獅子類、燈非日月明」之至言，道士爲僧者不可勝數。如寇謙之矯妄崔浩惑魏太武，而崔浩卒以族誅；曇謨最之挫屈姜斌，斌流於馬邑；齊曇顯之愧陸修静；唐總章元年，法明辨化胡之僞，勑搜聚天下化胡經，抑嘗火其書矣。由古而今，歷代帝王之制，斯可忽諸？

蓋世尊等視三界衆生，由如一子。棄背大覺，是子背其父也；子背其父，是自昧其所天也。且師老子者道德二篇，以清虚澹泊、絶世棄智立其宗，隱居以求其志，翛然無爲。爾今盜名之徒，叢嘯黨援，假立冠褐，峻侈宫觀，苟世利養，豈老氏之用心哉？况老氏謂大辨若訥、〔二〕大巧若拙，辯者不善、善者不辯，勿矜勿伐、抱一爲天下式，而占毁佛寺，竊經扇化胡之僞，是若拙若訥歟？是善者不辯歟？師老子而違其術，亦復違其自宗矣。若嫡師於老子者則弗爲也，過歸末流爾。雖然，麒麟至於走獸，鳳凰至於飛鳥，蘭蕙至於薰蕕，旃檀至於穢壤，則世未有捨鳳凰、麒麟之瑞，蘭蕙、旃檀之馨，而慨走獸、飛鳥之常，薰蕕、穢壤之垢者。人心天理，愛惡之所同也。奈何菽麥未析，而甘事於僞妄不實之教；復誇誕其浮辭，侮慢大覺，訕毀至聖，而弗憚三塗之淪溺乎？

斯辨僞録之正名教，造理淵奥，排難精明，凛乎抗凌雲之勁操，坦然履王道之正塗，而隄備後世之溺於巨浸者。其爲言也至矣！蓋有僞則辨，無僞則無辨，豈好辯哉！弘四無礙之辯者，邁公之德歟！言之者無罪，聞之者足以戒。故我皇金言喻辭曰：「譬如五指，皆從掌出，佛門如掌，餘皆如指。」信乎王言如絲，其出如綸，明逾日月，堅逾金石。爲萬世之龜鑒，則斯録豈小補哉！

校勘記

〔一〕昔孤山寺也　原作「昔者山寺也」，據南藏本、徑山藏本改。

〔二〕况老氏謂大辨若訥　「辨」，元單刻本同，通常作「辯」。

大元至元辨僞録序

蓋聞五運未形，元無人物之號；三才既立，乃叙尊卑之名。肇分六爻，始畫八卦，而有書契，定乎訓章。鳳篆龜圖，金滕玉字，〔一〕百家之異轍，萬卷之分區。雖理究乎精微，言殫乎物範。紀情括性，未出乎域中；原始要終，詎該於化内。况乎法身無相，高超於象帝之先；真諦絶稱，迥出乎思議之表。英猷茂實，代有人焉。如意者俗姓乎延氏，太原人也。係乎延讚之裔，世傳纓冕累葉。播遷代郡，因爲家焉。九歲落紺，隨師請業。玉離荆岫，價重之德彌彰；桂去幽巖，馨香之風遠遞。阿師内窮三藏之奥，〔二〕外覈九流之源。名冠於中華，聲聞於朝野。運談天之口，施不世之才。郁郁間綺錦之文，雄雄聳凌雲之氣。班馬之珠玉，未可同年；顧陸之文章，寧堪並駕。至若莊生、墨生之學，黄老、李老之書，三清、謗道之文，十異、九迷之籙，混元、隱月之秘，靈寶、赤書之儀，焕若胸膺，明猶指掌。加以禪參於五派，傍閲於群書，既有雄才巨筆，特專著述，運思之外，汲引無窮。挫邪則有吼石之功，扶正則具鞭屍之德。固以才侔安遠，學邁生融，實覺海之龍鱗，乃佛門之杜礎。

切見全真道士者丘處機、李志常、史志經、令狐璋等，學業庸淺，識慮非長，並爲鄙辭，排毀正法。擊茲布鼓，竊比雷門，使中下之流，咸生邪見。欽奉薛禪聖明皇帝，發大悲心，愍其盲瞽，恐墮泥犁，敕令製斯論耳。震蕩法海，摧彼詞鋒。碧雞之鋭競馳，黄馬之駿争騖。狀鴻爐之焚纖翼，猶炎日之煉輕冰。負勝之儔，於斯可見。暫歸慈定，已破魔軍。至元十八年十月二十日，復欽奉先皇帝聖旨，敕令天下僞經，一時焚盡。由是佛日重暉於碧漢，法雲廣布於閻浮。

右如意所作文賦注解、四經序、韓文别傳、性海賦等，在世已傳。然茲論五卷二百餘紙，窮釋老之淵源，分邪正之優劣，蓋唱彌高而和彌寡，深可媿焉。余文慚綺麗，學匪通圓，睹斯論之嘉言，欽吾皇之鴻護，不勝手舞，勉爲斯引，輒以藤綆，聯彼珪璋。庶博雅君子，詳其致云爾。

大雲峰住持、襲祖沙門雪谿野老貴吉祥述。

校勘記

〔一〕金縢玉字　「玉」，原作「王」，通「玉」，元單刻本、北藏本作「玉」，今改。

〔二〕阿師内窮三藏之奥　「師」，原作「帥」，據元單刻本、北藏本改。

卷一

辨老子八十一化僞（上）

序

蓋聞法王御世，弘正道以濟時；明主臨軒，闡皇極而拯物。翦邪扶正，崇德辨惑，故堯誅四凶而八紘道泰，佛降六衆而五印歸心。皆所以整亂救焚，啓迪耳目。夫我佛者功成曩劫，爲物降靈。無生示生，利見大千之土；絶相現相，頓化百億之方。猶浩月之流空，〔一〕千江普應；若長風之噫氣，萬籟聞聲。誘癡子於一極之乘，引迷途於八正之路。拔五濁之熱惱，撤四倒之樊籠。指衣下之明珠，剖塵中之經卷。破魔軍於道樹，不下廟堂；摧外道於金河，折衝無外。恩流萬國，澤及四生，慈雲蔭有頂之天，法雨潤無疆之界。群生無感，大聖歸真，聖哲繼輝，維持玄範。則有馬鳴、龍樹，恢教網於西天；提婆、愛賢，建法幢於南印。世親擅鞭屍之德，陳那騁吼石之奇，挫外道於一時，播嘉聲於萬古。

洎乎金容東夢，玉馬西來，摩騰顯正於洛陽，道書咸從火化；僧融破邪於關内，梵志結舌無言。懸佛日於昏衢，扇慈風於寰宇，〔二〕英髦接武，俊彦聯芳。故有大統齊法上法師多能，折姜斌於魏闕；法琳博物，排傅奕於唐朝。〔三〕騰盛德於當時，震佳聲於叔世。但以去聖逾遠，魔僞逼真，紫實亂朱，珉常混玉。自非上智，疇克考明。所以鼠璞濫名，周人一其貴賤；〔四〕雞鳳殊狀，楚俗迷其是非。故有守文曲流，拒爲異端之説；巧言邪道，引爲同己之談。雖至道無損於毫釐，而僞説有塵於視聽。此幽途所以易墜，聖門所以難涉者也。

我大元之有天下也，慶叶金輪，禎符玉曆，掩六合而光宅，統萬國以提封。東盡蟠桃，西窮細柳，南移金鼎，北抵玉衡。自尊盧、赫胥以來，秦漢隋唐之後，未有如今朝之盛者也。太祖、太宗，頒明詔而匡護；元帝、明帝，捨金寶而修崇。咸思付囑之心，共仰慈悲之訓。免其賦役，展其化風。今上皇帝，深仁睿智，體道寬明，荷四聖之雄基，纂百王之洪烈。萬機之暇，眷顧佛門，諷百千藏之金文，延數萬僧之勝會。植福覺苑，修建伽藍；政尚寬仁，澤及黎庶。搜揚仄陋，黜陟賢愚，明釋道之淺深，達邪正之優劣。

道士無識，蔑視國家，欺以朔方之居，肆其私臆之辨。丘處機妄言諂上，李志常矯飾媚時。萃逋役之罪徒，集排釋之僞典。令狐璋首編妄説，史志經又廣邪文。效如來八十二龕，集老子八十一化。古今不辨，經史匪通，攘竊佛書，收爲道教。採釋瑞而爲老瑞，换姓安名；改迦祥而作老祥，擅爲己德。僞中生僞，虚上架虚。張李聃出於空洞之前，屈迦文降於周莊之代。立傳圖像，行板流通。俾尹喜作佛，尊老聃爲釋迦之祖；伏羲授訓，高伯陽爲羲農之師。軒皇問道於廣成，認爲老子；文王師承於吕望，紐爲老君。周公屈膝於床前，老子教以璇璣經。孔子厥角於座下，問禮。滅三教而獨顯，超千聖以居尊。孤高五運之前，作師百代之下。域中獨聖，更有誰何？巧飾百端，了無一實。詳此圖也，意欲剪除百氏，獨擅一宗，掩羲軒之聖功，滅釋孔之洪範。元惡大憝，世人不知，雖有窮之亂夏政，王莽之欺漢庭，未足過也。

若非主上明聖，朗鑒無惑，孰能察辨真僞，目識是非？由是特下明詔，揀定虚實，萬載凶栽，一時而拔。爰有典教宗師少林和尚者，祖庭柱礎，梵宇棟梁，心質直而無私，性淵澄而深博。愍其愚瞽，蕩彼迷封，掃妖祲於長空，揭佛日而高朗。祥邁側聞斯論，不可惜言，嘉聖主之神聰，美少林之雅對。聊憑正典，斥破狂談，塞妄説之根源，倒邪山之林藪。使大羅玉帝，魂驚於九天之中；元始天尊，膽落於三清之上。萬天教主，羞赧難伸；九府洞仙，慚惶無地。且條數件，舉一例餘。俾夫金鍮各色，涇渭分流。玉液澆腸，使迷涎而蕩散；金錍刮膜，令智眼以分明。爲暗室之夜光，作幽衢之曉鏡。通明達士，知此道焉。

至元二年歲次旃蒙龍集星紀陽復之月，絶筆於萬壽蘭若。

妄立天尊僞第一

第一化云：道者萬化之父母，自然之極尊，於此幽玄微妙之中而生空洞，空洞者真一也。真一之氣化生之後，歷九十九萬億九十九萬歲，乃化生上三氣。三氣相去九十九萬億九十九萬歲，三合成德，共生無上，乃虛皇天尊。又歷如上歲數，乃生中三氣。三合成德，乃生玄老，即元始天尊也。又歷如上歲數，乃生下三氣。三合成德，共生太上，即太上道君也。自後又一氣復生三氣，每氣相去八十一萬億八十一萬歲。三合成德，共生李老君。雖四聖相次，各不相因，謂之獨化。老君生後，乃生五運，謂太易、太初、太始、太素、太極。第五化云：老君混沌之祖宗，天地之父母，故能分布清濁，開闢乾坤。

辨曰：蓋聞龍圖鳥篆之文、龜書科斗之典、玉版玉諜之記、金縢金匱之書、秦漢魏晉之章、宋齊梁陳之簡，記事記史，直筆直言，靡睹虛皇之名，不聞元始之號。安有手執玉圭、身掛黄褐、頂垂皓髮、頭戴金冠，别號天尊，高拱三清之上，獨稱教主，統御九華之宫？縱有天尊之名，並是偷竊佛語。古經稱佛名爲天尊，不關道君之事。竊他美稱，妄自尊嚴，取信通人，斯言謬矣。案列子及易鈎命訣皆云：「天地未生之前，有太易，有太初，有太始，有太素，有太極。」説者咸云：太易者未見氣也，〔五〕太初者氣之始也，太始者形之始也，太素者質之始也，太極者質形已具、混沌未分。有太極之後，乃生兩儀，謂之天地。夫名從實生，實從名起，名實既著，其道乃行。太易之前，杳然空洞，溟溟漠漠，本絶音容，何得謾張九氣，妄生四人？虛上生虛，似敲空而求響；僞中起僞，如趁影之尋蹤。豈不思既立其名，須有其体；既立其体，須有氏族。且道虛皇、元始，誰人所生？氏族何起，居在何處？若有源系，出在何書？若無來由，即是虛設。又空洞之前，本無歲數；今標歲數，愈見虛張。蓋數目起於伏羲，甲子唱乎黄帝。將今記古，顛倒何多？且上之三尊，爲有形耶？爲無形耶？若是有形，不在太易之上，爰從父母而生，須有年代時處，姓氏名字。前云三氣共德而生，則是以氣生氣，與氣不殊，何有形名？若是無形，本無名位。下第七化乃云：「老君以上皇元年九月二日出遊西河，遇元始天尊乘八景玉輿，駕九色玄龍，群仙導從，手把華幡，師子白鶴，嘯歌邕邕，同會西河之上，〔六〕授老君洞玄玉符。」此是誰耶，進退兩求，並無准的。則知海棗虛談，有名無實；雕冰鏤雪，枉廢詞章。山海之所不收，大荒之所不載，庸愚巧飾，何足信哉？老君衰周之柱史，誑云混沌之祖宗，避周亂而過函關，妄云天地之父母。既自語之相戾，何函矢之相攻，掩耳偷鈴，欲隱彌露。道德章云：「吾有三寶，寶而持之。一曰慈，二曰儉，三曰不敢爲天下先。」老君獻胡王妻子，與胡兵格戰，何有慈乎？乘玉衡之輿，坐金闕之内，披九色離羅之衣，蔭九光偃鶴之蓋，何有儉乎？生於無始，起於無因，爲萬道之先，作元氣之祖。觀混沌之未判，視清濁之未分。爲帝王之師，作天地之母，何有不敢爲天下先乎？遼陽高憲字仲常，游東京白鶴觀，見三清像，指其右曰：「此何像也？」觀主對曰：「老君像。」曰：「何代人？」曰：「周定王時。」又指左曰：「此何像也？」主曰：「道君像。」曰：「此何代人？」主倉惶未答。憲指中尊曰：「且饒這元始天尊。」聞者傳以爲笑。

創立劫運年號僞第二

第三化云：始則太虛之氣，其氣相擊，往來亂射。經百億萬氣之後，其氣方慢，往來流行，爲自然之氣，此偷佛書世界初成、風輪下旋之事也。又號彌羅萬梵之氣。又經九萬九千九百九十九億氣之後，結吉祥之氣，成一聖人，自號元始天王。同時生五老，五行之主。其劫號延康，年號龍漢。又經如上氣數，乃生道君，時劫號赤明，年亦號赤明。同時生九老，分爲九天。又經如上氣數，方生老君，劫號清運，年號上皇。時生八公，又立五運太易、太初等。老君乃以陰陽二氣，結爲混沌，而分布天地，萬物始備矣。

辨曰：蓋聞班固律曆之志、〔七〕史記天官之書、皇甫謐之帝年、陶隱居之帝紀，未聞五運之前先有年號，三氣之内虛立劫名。既清濁之未形，只是洪濛一氣，何有老君、元始、五老、九天？雖竊佛立劫之名，〔八〕而不曉成壞之數，梵云劫波，此云時分。時雖長短，皆立劫名，錯謬梵言，迷惑體相。釋教未來此土，〔九〕但有劫殺、劫賊，故許慎説文云：「以兵脅人曰劫。」又魯將曹沫劫桓公於壇上，求所侵地。此則逼奪名劫，豈有劫運之言乎？今陳此言，妄竊見矣。夫名位既有，年號斯張，將以率領萬方，整齊四海，混同九有，同一車書。天子至尊，得建年號，無名位者，不敢立焉。孔子雖然，删書定禮，分辨君臣，以無貴位，止號素王。矧乎老聃，周之柱史，臣子之列，而草竊帝王，妄建年號哉！況軒皇之前，本無甲子，黄帝臣大橈造甲子。漢武之代，始建年號。武帝始立年號。將古標古，亦何僞乎！或曰：「老子生於天地之前，别立年號，有何乖違？」答曰：「既在天地之上，乃是太易之前，世界未形，君臣無迹，杳然空寂，唯一溟濛。建立年號，統領誰人乎？明知偷佛莊嚴、賢劫、星宿之意，而立此延康、赤明、青運之目，〔一〇〕彼明三世，此約一時，正同山羌，偷王衣物，迷惑顛倒，上下失次爾。」下云：「老子生於天嵩李谷，字曰光明。」則在三皇之後，何得老君，以陰陽二氣，結爲混沌，而分布天地耶？首尾兩端，穿鑿見矣。

開分三界僞第三

第五化云：天地有形之大者，太上老君，乃混沌之祖宗，天地之父母。故能分布清濁，開闢天地，運玄元始，三氣而成。天上爲三清三境，即始氣爲玉清境，元氣爲上清境，玄氣爲太清境。又以三清之氣，各生三氣，合成九氣，而爲九天。第一鬱單天，第二上禪壽無量壽天，第三梵藍須延天，第四寂然兜術天，第五波羅尼蜜不驕樂天，第六洞玄化應聲天，第七靈化梵輔天，第八高虚清明天，第九無想無愛天。此之九天，各生三氣，每氣爲一天，合二十七天，通此九天，爲三十六天。則三界四民，上極三清，是其數也。初下六天爲欲界，一太黃天，二太明天，三清明天，四玄胎天，五元明天，六七曜天。次一十八天爲色界，一虛無天，二太極天，三赤明天，四恭華天，五曜明天，六皇笳天，七靈明天，八端靖天，九元明天，十極瑤天，十一元載天，十二太安天，十三極風天，十四始皇天，十五太黃天，十六無思天，十七阮樂天，十八曇誓天。次四天爲無色界，一霄慶天，二元同天，三妙成天，四禁上天。此二十八天，名爲三界。此上又四天，名爲種人天，一常融天，二玉隆天，三梵度天，四賈奕天。此四天超出三界。又云：上三天爲三清境，一曰太赤天，二曰禹餘天，三曰清微天。最上曰大羅天，包羅諸天，極高無上，玄都玉京，鎮於其上，三尊所處焉。又太霄隱書云：「大道君治在五十五重無極大羅天中玉京之上，七寶玄臺、金牀玉機、金童玉女之所侍衛，住居在三十二天三界之外。」

辨曰：詳夫蛇軀（伏犧）、牛首（炎帝）之書，龍師（太皞）、鳳紀（少皞）之典，談天（鄒衍）、論天（黃繚）之誥，括地（地志）、輿地（地圖）之圖，甘氏星經、張衡靈憲，不說三清之號，匪聞大羅之名。並是依傍佛經，改頭換尾，採他名相，妝綴己書。且道教之宗，源起黃帝，而老子、涓子、列子、莊周、鶡冠、尹文，派爲道教。諸子所談，並無說天之事，唯是張道陵所集靈寶經中，始説三十二天，效佛神咒，而作密言。〔一一〕自後道書，互相鼓唱，空枝引蔓，唯誑下俗。佛教未來，云何不説？釋經廣布，始唱斯名。明名修静增加，三張妄闡，狗偷鼠盗，何足貴乎？爾雅之立四號，約於四時；太玄之説九天，准於九有。不似道家，虚加數目，天本定體，何有少多？今各説不同，顯知妄立。案佛經三界三業所感，總二十八，欲界有六，色界十八，無色有四。具勝妙欲，名爲欲界；形色超絶，名爲色界；根識兩忘，名無色界。越此而去，名出生死，捨分段之後身，絶形名而無寄。安有玄都之境、玉京之山？金童玉女交雜之事，瓊輿碧帳之飾，妄竊不真，於斯見矣。試問道士：三界從何而來？何功所感？釋名辨相，全不能知。且道宗極致，惟盡昇天，靈寶幽微，秖貪羽化。難逃四相，詎免五衰，泛業浪以漂沉，隨生死而輪轉。縱茫茫之業識，積浩浩之苦源。長往不歸，良可歎息，鬱頭藍弗，是其驗歟。

隨代爲帝王師僞第四

第十一化云：老君在伏犧時，號鬱花子，説元陽經，教伏犧叙人倫、畫八卦。在祝融時，號廣壽子，説按摩通精經，教以鑽木出火，陶冶爲器。在神農時，號大成子，説太一元精經，教以播種五穀，採和諸藥。在黄帝時，號廣成子，教以抱神守静之道。在少昊時，號隨應子，説莊敬經，教以鳥官爲理，分布九扈，以統百司。在顓頊時，號赤精子，説微言。帝嚳時，號録圖子，説黄庭經。〔二〕帝堯時，號務成子，説宣化經。帝舜時，號尹壽子，説通玄經七十卷，又説道德經一千二百卷。夏禹時，號真行子，説元始經六十卷。殷湯時，號錫則子，説長生經二十卷。周文王時，〔三〕號爕邑子，説赤精經，教以仁孝之道。乃至云：上古之君皆受教於老子，然後造作群物也。

辨曰：夫賢之與聖，名位不同，古哲今人，出處各異。莊周云：「萬世之後，一遇大聖，猶旦暮遇之。」此明聖人出世，表瑞協祥，應千年之期，膺適時之運。孤標特秀，迥出常流，故得帝王師之，諸侯禮重。萬載一遇，尚爲旦暮，豈有隨代而出現乎？夫李耳者退静之士，史記稱爲隱君子也，避亂過關，葬於槐里。潛身柱下，本是人臣，位不躐於上階，名未厠於台輔。何乃擢居聖地，爲帝王師？譣詖不經，駭人耳目。培塿要齊於嵩華，孰肯憑焉；潢洿擬廣於滄溟，終難信矣。豈有開闢之後萬億餘年，中間別無一人拔萃，唯有老子爲帝王師乎？三墳五典，八索九丘，孔子春秋，丘明國語，百家異説，九流雜談，並無老子爲師之語。唯是後代無知道士，妄撰斯言，欲使老子獨高群聖。美則美矣，僞且僞焉。且伏犧、神農，皆有聖德，軒皇、堯舜，並號明君。或幼而能言，或生知妙道。詎假老子教之，然後造作群物乎？況書、傳所紀，古史所明。有古史考並世本，並明造物之源。燧人鑽火，伏犧畫卦，炎帝播耨，女媧造簧，〔一四〕黄帝作宫室軒冕，樂有咸池，顓頊作六英，堯有大章，舜有大韶，及作圍碁，禹有大夏，湯有大濩，文王有辟雍，武王有下武，鯀作城郭，蚩尤作兵器，岐伯造醫，〔一五〕俞附脉經，伶倫制律，隸首作算，容成作曆，大橈造甲子，奚仲作車，曹胡作衣，伯余作裳，於則作履，共鼓作舟楫，巨揮作弓，夷牟作矢，〔一六〕黄雍父作杵臼，孟莊子作鉅，趙武靈王作靴，蘇威公作篪，暴辛作塤，后稷之孫叔均作犁，蒙恬作筆，蔡倫作紙，夏昆吾氏作瓦，此皆各有其主，群書所明，何得自矜，覽爲我造？又周易繫辭，孔子所述，列明古帝制造之事。如云包犧氏之王天下也，觀像於天，〔一七〕俯察於地，近取諸身，遠取諸物，始畫八卦，以通神明之德，以類萬物之情，作結繩而爲網罟，以佃以漁，蓋取諸離。神農氏作，爲耜爲耒，以利天下，日中爲市，交易有無。乃至黄帝堯舜，垂衣裳而天下治，蓋取諸乾坤。如此歷陳法易造物，不言老子所造也。竊他功業，〔一八〕標爲己能，衒名自高，君子不忍。又云「老子在堯時爲務成子」者，案後漢應邵風俗通云：「東方朔是太白星精，黄帝時爲風后，堯時爲務成子，周時爲老聃，在越時爲范蠡，在齊爲鴟子。」此則務成子乃東方朔，非干老子明矣，何得妄加鈎引，稱老子爲人師乎？案魯哀公問於子夏曰：「五帝三皇，皆有師乎？」子夏曰：「有。臣聞黄帝學乎太真，〔一九〕顓頊學乎緑圖，帝嚳學乎赤松子，堯學乎尹壽，舜學乎務成跗，禹學乎西王國，湯學乎威子伯，文王學乎鉸時子斯，武王學乎郭政，周公學乎太公吕望。」上之所叙，文極分明，而言老子隨代爲帝王師，何出言之狂悖哉！巧言如簧，〔二〇〕顔之厚矣！且老子衰周柱史，史有明文，本是人臣，返爲上古帝王之師，履冠戴屨，何顛狂之甚乎！又上文云「上古之君皆受教於老子」，則桀紂之不仁，〔二一〕幽厲之無道，秦皇之凶暴，王莽之篡逆，亦老子之所教也。既然如是，則老子爲悖逆之魁首，巨猾之元匠。不忠不孝，老子之所生；不義不仁，老子之所主。爲人師者，不亦慚乎！老君既説隨代爲師，而秦漢之下，至於今朝，〔二二〕偏無一現乎？今既無矣，古亦虚焉。且漢文恭儉，孝武英明，孝明達禮樂之情，孝章優儒雅之道，魏文帝風流文藻，晉世祖明達寬仁，宋文帝致治昇平，梁武帝文武兼備，隋高祖混同四海，唐太宗混一車書，此時不俟老子之化，而皆金聲玉振，則知牽合巧會，枉廢詞章，祇可誑於閭閻，難可信於達士。嫫母加粉，見者愈嗤；鄰女效顰，鄉人不貴。哀公問子夏，文見劉向新序。吕氏春秋亦有，文不次爾。

老子出靈寶三洞僞第五

第九化云：太上老君以中皇元年三月一日，於玉清天金闕上宫，撰集靈篇，以爲寶經三百卷、符圖七千章、玉訣九千篇。老君於上三皇時，出爲萬天法師，又號玄中法師。當龍漢元年，授上三皇洞真經一十二部，以無極之道，下教人間，其時人壽九萬歲。於中三皇時，號有古先生。當赤明元年，授中三皇洞玄經一十二部，行無上正真之道，以化於人，其時人壽六萬歲。於下三皇時，出爲師，號金闕帝君。當開皇元年，授下三皇洞神經一十二部，以太平之道化人，其時人壽一萬八千歲。夫洞真、洞玄、洞神各一十二部，合爲三十六部尊經也。

辨曰：夫仲尼入夢，十翼之道始宣；伯陽過關，二篇之教方闡。有名爲萬物之始，無名爲天地之先，混徼妙而同玄，驚寵辱而一致。谷神不死，久視長生，挫鋭解紛，謙卑自牧。此老氏之旨也，自餘教典，皆是僞書。制雜凡流，唯尚誇競，採傍佛語，换體安名。擬三界而立三清，仿三藏而立三洞，〔二三〕虚勞紙墨，妄飾詞章。何以知之？漢時張道陵造靈寶經，王褒造洞玄經，吴時葛孝先造上清經，晉時王浮造明威化胡經，鮑靜造三皇經，後改爲三清經，齊朝陳顯明造六十四真步虚經，梁時陶弘景造太清經，隋末輔慧祥改涅槃爲長安經，後事發被誅。案甄鸞笑道論云：「道家妄注諸子三百五十卷爲道經。」如此詳之。代代穿鑿，人人妄製，採他佛教，標爲道書。或言仙洞飛來，或言老子再現。群賢不睹，道士獨傳，欺誷時君，不懼朝憲。故唐琳法師對太宗皇帝云：「若據蕭、温衆議，〔二四〕道家止有道德二篇；如依漢明校量，便應七百餘卷；約葛洪神仙之説，僅有一千；准修静所上目中，過前九十；又檢玄都目録，轉復彌多。既其先後不同，顯知後人妄製。增加卷軸，添足篇章；依傍佛經，改頭換尾。或道名山自出，時唱仙洞飛來。何乃黄領獨知，英賢罕睹；典籍不記，書史無聞？試問當今道士，推勘後出之經，爲是老子别陳，爲是天尊更説？若也更説，應有時方師資傳授，爲是何年何月，何邦何代？若在天上而説，何人傳來？若在西域而談，何人譯出？如其有據，容可流行；若也妄言，理須焚剪。又漢晉之代，僧號道士，寇謙得志，僭冒其名。今稱法師，愈爲矯飾。法師之號，源出佛經，萬卷百家，本無此語。且爲法之師，名爲法師；法即是師，名爲法師。名義不知，妄安已號。按賢劫已來，有三佛出。初佛出時，人壽六萬歲；第二佛出時，人壽四萬；第三佛出，人壽二萬。何乃改彼三皇，妄合其數？又前説云：「上三氣中，而有龍漢、赤明之號。」是時五運尚無，但唯一氣，何有三皇之君、人壽之數乎？上古縱有五龍四姓、九頭十紀，亦無三皇，建立年號。試問龍漢、赤明，上皇、開皇，誰君之年乎？若言有説，史無明文；若言無憑，不可妄立。扣其兩端，竟無一是。又伏犧之前，文字未有，何出三洞、靈寶之篇乎？又十二部名，源出佛經，一代時教，類分十二，道家名義不知，何以妄著己典？如琢美玉，擬作甑窐，雖受劬勞，智者見誚。

遊化九天僞第六

第二十六化云：是時老君於青羊大會，引尹喜冉冉昇空。初至第一天，見波利天帝，乘九光元靈之輿，蔭七元交晨之蓋，建五色攝魔之節，金童玉女九萬人，迎老君入大有宫，請問自然之道。如是摩夷天、梵寶天、化應天、不憍樂天、兜率天、須延天、禪善天、鬱單天，隨處天帝，皆與天童玉女，迎禮老君，請問法要。所到天宫，皆設瓊漿碧醴、丹液流薰、蘭羞八徹、靈芝珍果。

辨曰：〔二五〕昔我世尊，初成正覺，不離道樹，而赴諸天。一身不分，而遍一切，即多而一，即一而多。猶如素月流空，影分衆水，大塊噫氣，萬竅怒號。大小咸周，遠近無隔，無心頓應，豈止九天。伯陽周之柱史，〔二六〕尹喜函谷關吏，身居下位，難等聖蹤，欲爲己德。

蓋善竊者，鬼神不覺；既爲人知，非是好手。離欲而獲輕舉，禪定而感神通。老子既無此功，何以昇於天上？昔列子居鄭，夫妻相忘，耳目不分，翛然絶寄。心凝形釋，骨肉都融。然後身如槁葉，隨風東西，萬里須臾，過旬乃返。而莊周譏云：「猶有所待。」矧乎老耳，不絶妻子，老子之子名宗，宗之子名注，注之子名宫，侍魏文侯。未逮形亡。過關乘薄軬之車，道經垂有身之患，詎可昇天履霧，駕鶴乘雲？擬效牟尼，〔二七〕矜爲己勝，且布施而獲大福，持戒而感生天。汝尚不達斯由，安能爲天説法？欲界本六，妄云九天；初禪純男，而云玉女。勾虚闡僞，巧説多端。且初禪已上，禪悦爲食，定生喜樂，捨念清净，何用瓊漿碧醴、蘭羞八徹乎？將謂天上，同於人間，羨酒肉之葷膻，争魚臭之穢濁。喻乎鵄耽死鼠，便爲鳳凰同餐。盜聽不真，請杜臆説；窮鄉多怪，曲學多辯。斯言信乎！

校勘記

〔一〕猶浩月之流空　「浩」，北藏本作「皓」。

〔二〕扇慈風於寰宇　「宇」，原作「寓」，據元單刻本改。

〔三〕排傅奕於唐朝　「奕」，原作「弈」，元單刻本作「奕」，據改。傅奕其人，文獻多有記載，多作「奕」。舊唐書卷七十九有傳，作「奕」。新唐書卷一百七有傳，作「弈」。

〔四〕周人一其貴賤　「周」，原作「問」，元單刻本此處缺頁，徑山藏本、大正藏本作「周」，今改。

〔五〕太易者未見氣也　「太易」，原作「大極」，據元單刻本、南藏本、北藏本、徑山藏本改。

〔六〕同會西河之上　「同」，原作「何」，據元單刻本、北藏本、大正藏本改。

〔七〕蓋聞班固律曆之志　「曆」，原作「歷」，元單刻本同。據北藏本、班固原書改。

〔八〕雖竊佛立劫之名　「立」，原作「主」，據元單刻本、北藏本、南藏本、徑山藏本改。

〔九〕釋教未來此土　「土」，原作「劫」，據元單刻本、北藏本、南藏本、徑山藏本改。

〔一〇〕而立此延康赤明青運之目　「青」，前文作「清」。

〔一一〕而作密言　「密」，原作「蜜」，元單刻本同，據北藏本、大正藏本改。

〔一二〕説黄庭經　「説」，原無，據元單刻本、南藏本、北藏本補。

〔一三〕周文王時　「王」，原作「玉」，據元單刻本、北藏本改。

〔一四〕女媧造簧　「簧」，原本作「篁」，元單刻本同，據北藏本、大正藏本改。

〔一五〕岐伯造醫　「岐」，原作「歧」，元單刻本、北藏本同，今據常用人名寫法改。

〔一六〕夷牟作矢　「牟」，元單刻本同，大正藏本作「牢」。

〔一七〕觀像於天　「像」，元單刻本等同，通常作「象」。

〔一八〕竊他功業　「他」字原無，據元單刻本、南藏本、北藏本、徑山藏本補。

〔一九〕臣聞黄帝學乎太真　「黄」，原作「皇」，元單刻本同，北藏本、大正藏本作「黄」，是，今改。按新序雜事子夏答魯哀公云：「臣聞黄帝學乎大真。」（四部叢刊影明翻宋本。）

〔二〇〕巧言如簧　「簧」，原作「篁」，元單刻本同，今改。按毛詩小弁云：「巧言如簧，顔之厚也。」（四部叢刊影宋本。）

〔二一〕則桀紂之不仁　「仁」，原作「作」，據元單刻本、南藏本、北藏本、徑山藏本改。

〔二二〕至於今朝　「今朝」，原作「金朝」，據元單刻本、南藏本、北藏本、徑山藏本改。

〔二三〕仿三藏而立三洞　「仿三藏」，原作「仿三大」，元單刻本、北藏本作「彷三大」，南藏本作「彷三藏」。「三大」不易解，今據南藏本改作「三藏」。

〔二四〕若據蕭温衆議　「蕭」，原作「肅」，元單刻本同，據北藏本、徑山藏本改。

〔二五〕辨曰　「辨」，原作「辯」，據元單刻本改。

〔二六〕伯陽周之柱史　原作「伯周之柱史」，元單刻本作「伯陽之柱史」。按老子字伯陽，爲周柱下史，並考慮到與下文「尹喜函谷關吏」對仗，改爲「伯陽周之柱史」。

〔二七〕擬效牟尼　「擬」，原作「凝」，據元單刻本、北藏本改。

卷　二

辨老子八十一化僞(下)

偷佛經教僞第七

第三十化云：胡王見太上徒衆甚多，疑見鬼魅，遂積薪焚之。火起衝天，老君放身光明，火中爲王説金光明經。胡王益怒，納之大鑊，煮之三日。老君鑊湯之中，蓮花涌出，坐蓮花上，説涅槃經。又云：老君使尹喜爲佛，與胡王爲師，懺悔三業六根、五逆十惡，乃説五戒十善，並四十二章經。

辨曰：夫麒麟鬥而日月虧，鯨鯢死而彗星現，銅山崩而洛鐘應，葭灰缺而月暈殘。蓋感應之道交，故機教之相扣。人心渴仰，法雨芳菲，沃彼情塵，開他蒙昧。故孔子曰：「不憤不啓，不悱不發。」此明待問而説也。况乎聖人設教，權變多方，豈使他人起怒，自受焚溺？全無愧慳，强與他言，豈知虚往實歸之道哉！剜刻字樣，巧合經名。既坐火焰上説金光明經，坐蓮花上説蓮花經，則道德二篇，坐於道路而説，洞玄三部，元在水洞而談。此既不然，彼云何爾？且金光明性相通顯，法華經破權歸實，涅槃經明佛性真常，四十二章群經集出，不窮根蒂，盜聽妄談，唯口起羞，出何容易，難惑上智，只誑下愚。又上經既是老子所陳，道士應宜依而學佛，何乃合氣爲道，專諷靈寶？試問三經文明何義，道藏既不收攝，道士又不通明，偷大聖之至詮，爲老君之極唱，正符涅槃盜牛之喻。又同瞽者，誤入金穴，雖得其寶，未知何用。又曰懺悔三業，至年月齋法，若如是者，道士應通。且問懺悔，是何語言？今此懺悔，爲事懺耶？爲理懺耶？約功德門而滅罪邪？〔一〕約逆生死心而滅罪耶？能懺之心，宜有幾種？所懺之罪，何處安排？懺悔二字，由尚罕知，則三業六根、五逆十惡、戒善之軌、年月齋名，决不曉達。若是老子所説，道士應合備知，既然一字不通，顯知偷佛妄説。〔二〕此同竊賊人物，被主認著，猶不招承，更生拒辨。焚經火板，方乃慚惶，君子悔前，不至如此。

老君結氣成字僞第八

第八化云：聖紀經云：「太上老君，昔於龍漢之年，從元始天尊於中央大福堂國，説靈寶十部妙經，出法度人。又於東極大浮黎國，出法度人，以紫筆書於空青之林。又於南極禪離界，以火煉真文，瑩發字形。又於西極衛羅世界、北極鬱單國，皆出法度人。老君以五方真氣之精，結成寶字，大方一丈八角，垂芒爲雲篆之形、飛鳥之狀，以立文章。」又云：「墳典自我而出，經籍自我而生。」

辨曰：夫文字之聿興，爰從上古。伏犧氏之王天下也，始畫八卦，造書契，以代結繩之政，由是文藉生焉。〔三〕故有青丘紫府、三皇刻石之文，緑檢黄繩、六甲靈韭之字。後有蒼頡，因而增制，大篆起於史籀，小篆興於李斯，飛白創於蔡邕，隸書變於程邈。秦書八體，漢字六形，瘦金、堆金，垂雲、垂露，蔡葉、龍爪，顔體、坡書，皆循古以增成，近代而改制。豈假真氣而結？何關老子傳來？掩竊他能，衒賣己德，放舒白眼，不耻清流。上云龍漢起於初氣，何有老子而生？既言紫筆書林，乃在蒙恬之後。牽今引古，欺我賢人。孔安國云：「伏犧、神農、黄帝之書，謂之三墳，言大道也；少昊、顓頊、高辛、唐虞之書，謂之五典，言常道也。易則三聖方定，詩則群英之言。春秋孔子所修，禮則周公所定，爾雅周公所纂，國語丘明所述。劉熙釋名、許慎説文、埤蒼廣雅、桂苑珠叢、顧野王之玉篇、陸法言之切韻，各有源系，非干老聃。而言墳典自我而出，經籍自我而生，荒唐謬談，侮弄明哲。亦由相如上林説，盧橘夏熟；楊雄甘泉賦，玉樹冬蒨。聽其言則洋洋美耳，究其事則杳杳空傳。矧乎國名虚設，妄採他書。大福堂改大堂而取名，東浮黎彷扶桑而立號，南禪黎革重黎而標字，西衛羅竊於迦維羅衛，北方全收鬱單越名。十洲所不收，神異所不攝，地理無所紀，括地絶形名。空闡五車，了無一實，偷鐘掩耳，斯之謂歟？

周文王時爲柱下史僞第九

第十九化云：周文王時，老君爲燢邑子，時帝紂荒虐，天下塗炭。乃乘飛飈之輪，〔四〕風伯前驅，彭祖驂乘，降於岐山之陽。西伯聞之，拜爲守藏吏。武王克商，遷爲柱下史。作赤精經，教文王以仁義之道；作璇璣經，以授周公。成王、康王之代，世爲柱下史。昭王時有黑氣之祥，此破佛生夜虹十二道入貫大微之事。老君以八天隱文授昭王，王不用之，後感膠舡之難。

辨曰：蓋聞九頭五龍之紀、重瞳四乳文王。〔五〕之書、金秦火漢之文、黄魏白晉之典，不聞文王師於老子，璇璣訓於周公。但云文王師於太公，武王師於姬旦，群書具載，先儒盛談。何乃違戾百家，别張毛目，蓬心瞽唱，睞目生靈！夫欲聖人者，宜務其實，無稽之談，自招世誚。案史記別傳老子生於定王之世，與孔子相接。何乃妄爲西伯之時乎？既是聖人，見紂荒淫，宜盡力規諫，匡其不逮；而乃高乘飛輪，棄而遠遁。爲忠臣者固若是乎？昔日過關，雇徐甲而爲御，乘薄夆之車；今則乘飛飈輪，風伯前驅，彭祖驂乘。何自高之不經乎？況彭祖此時已歿，風伯不肯前驅，文王自公劉以來世積仁孝，美化行乎江漢，仁慈及於行葦。何待赤精之教哉！周公制禮作樂，代臨天下，設金縢而表誓，製周禮而流規，何用璇璣之教乎？昭王時號明君，史無黑氣之變，妄改白虹之兆，而云黑氣之言。授以隱文，又成孟浪之説。前云老君爲九天教主、金闕帝君，建七曜之冠，披九色之帔，乘八景玉輿，駕五色神龍。金闕之中，坐玉帳之内，仙童左奉，玉女右陪，萬聖擁隨，千靈翊從。老子既有如此高貴之位而不肯居，返就守藏之職屈身爲臣，侍君之傍，立柱之下，晨趍暮拜，端笏搢紳。捨喬木之高遷，投幽谷之賤地，翻上倒下，以何謬哉！爕邑之號，周書之所不載；金闕帝君，爰從道士虛張。有名無實，孰肯傳信？栽風求影，種電尋根，此之謂歟！若以昭王不信，故感膠舡之難者，秦皇求仙，親臨海上，淩波涉險，冀遇神仙，虛想安期之名，不睹羡門之面，沙丘道死，鮑臭薰人。漢武好仙，身著羽人之衣，口飲天表之露，縱欒大之詭説，信少君之詐術，而身入茂陵，竟無一補。魏太武任寇謙之説，建静輪天宮，廢竭人勞，終感癘疾。周武帝口服丹藥，身服黄衣，熱發晉陽，失音而死。唐武宗師趙歸真，餌金丹藥，會昌不滿，早致崩亡。近宋上皇信林靈素遊月宮，誦太極之章，佩驅邪之劍，而亡國破家，身死東韓。此之數君，皆傾誠一志，望享千年，而遘患彌留，竟無一驗。譏以膠舡之難，不亦妄求人過乎？幸人有災，君子不爲也。

前後老君降生不同僞第十

第一化云：老子生在五運之前。第二化云：〔六〕老子生下三氣之中。第六化云：老君姓李，諱弘元曜靈，字光明，以上和七年歲在庚辰九月三日甲子卯時，始育於北玄玉國天崗靈鏡山李谷之間。玄靈聖母既誕之夕，有三日出於東方，九龍吐水，月妃散花，日童揚彩。年五歲，體道凝真。二十而有金姿玉顔，棄家離親，超迹風塵。〔七〕後感元始下教，授以鬱儀、太章、太洞真經。紫微天帝玉清君，以瓊輿下迎，賜丹璽符書，爲上清金闕後聖帝君，掌握十天河海神仙。第十一化云：老君以清濁元年七月一日，〔八〕託玄神玉精降太元玉女。千三百年，號無上老子，一號大千法王。第十二化云：老君以清漢元年，寄九天飛玄玉女。八十一年，號高上老子。第十三化云：老君以清漢元年甲午九月九日，降元素玉女。七十三年，號九靈老子。第十化云：老子以殷十八王陽甲庚寅歲建午月，入於玄妙玉女口中。八十一年，至武丁九年庚寅歲二月十五日，聖母剖左腋，攀李樹而生。生即行九步，步生蓮花，九龍吐水，具七十二相、八十一好。左手指天，右手指地曰：「天上天下，唯道獨尊。我當闡揚無上道法，普度一切。」又云：李靈飛得修生之道，真妻天水尹氏於瀨鄉晝寢，〔九〕見太上從天而下，化爲玄珠，呑而有娠。八十一年，生而皓首，曰老子。生李樹下，指李爲姓。

辨曰：夫星流貫昴，實標文命之祥；電繞樞星，是顯軒皇之慶。虹流華渚，少昊於是膺期；星冠月輪，顓頊以之應瑞。赤龍晻曖，〔一〇〕言旌帝堯；雲屯鬱蒸，實徵漢祖。此則聖人神異，譜牒具詳。未聞老子初生，三日共出，九步周行，月妃散花，日童揚彩之事。且星隕如雨，日有蝕之，春秋書之，以爲異事。李耳若有徵瑞，孔子何以不記乎？且魯陽揮戈而返日，淮南子有景公善言而退熒，劉向新文。貳師拔劍而泉流，前漢書中。耿恭拜井而水出，後漢書中。苟有奇相，書爲美談。老既無文，事必虛唱，倚他大聖，取爲神奇。夫聖人現相，雖有多途，託化誕生，事無兩體。世尊百億化身，大千世界一時頓顯，化緣事訖，便入涅槃。老子隨代降生，以何大謬乎！本是李耳，妄改其諱李伯陽而云光明，隱其本名，而加美號。史記真文，一詞不録；道書僞説，百種妝填。前之兩化，説在太易之前；後之十重，紀在伏犧之後。〔一一〕尋虚摭僞，誑惑後人。前説五歲凝真，二十入道；後則八十一歲，生而皓首。自語矛盾，何待他攻？亳州瀨鄉，實而不認；北玄玉國，虚而妄傳。聃耳蓬頭，謬説七十二相；野合懷胎，諂云周行九步。採他釋瑞，而爲老奇；將此薰蕕，亂彼蘭芷。北玄玉國，山海之所不紀；天崗李谷，地里之所匪詳。〔一二〕王儉百家，太尉王儉有百家譜。弗聞玉女之名；何姓氏苑，罕説玄妙之族。案道士賈善翔高道傳序云：「伯陽起迹於姬周。」既云起迹於姬周，則是老子不在商也。明知陽甲之時本無李耳，衰周之際始見老聃。胡曾云：「七雄戈戟亂如麻，四海無人得坐家。老氏却思天竺去，〔一三〕便將徐甲過流沙。」斯則周末時人明矣。避亂入秦，死葬槐里，秦佚弔之，三號而出。斯良證也，何更疑哉！史記本傳，莫知所終；化胡浪語，云過流沙。將如來降誕之禎，合老子過關之氣。汝雖巧會，僞説孰憑？案燉煌實録云：「周桓王三十九年，幸閑豫庭，與群臣對論古今。王曰：『老聃父何如人也？』天水太守索綏對曰：『老聃父姓韓，名虔，〔一四〕字元卑。癃跛下賤，胎則無耳，一目不明，孤單乞貸。年六十二無妻，與鄰人益壽氏宅上牧猪老婢子曰精敷，野合懷胎。八十一年而生，老子生而皓首，故號老君。」此本實迹，蔽而不傳，偷竊他能，欲張老聖。

家有弊帚，享之千金，斯言信歟？

三番作佛僞十一

第三十四化云：〔一五〕老君告胡王曰：「使我弟子爲佛，汝當師之。」即使尹喜變身爲佛，與胡人爲師。令作桑門，授以浮圖之法，説四十二章經。又云：老君至舍衛國，自化作佛，坐七寶座。身長百千萬丈，遍滿虚空。又云：老君將欲再整釋教，以周莊王九年，乃於梵天命煩陀王老君弟子。乘月精，託陰天竺摩耶夫人胎，至十年四月八日，右脅誕生。後入雪山，修行六年，道成，類佛陀，衆號末牟尼。至匡王四年，解化太上，命昇賈弈天，爲善惠仙人。

辨曰：夫根深果茂，源遠流長；虎嘯風生，龍吟霧起。聖人利見，皆有深源；昔植善因，今感妙果。我佛世尊三無數劫，積行累功，六度無捨，而求菩提。棄身命如恒河沙，捐國城如微塵數。莊嚴世界，誘掖群生。然後應燃燈記，補迦葉位。下生中印，託化王宫。七步周行，指天地而猶貴；三十二相，映日月而争輝。四王捧足出塵寰，六年行滿而成道。現身百億國土，説法四十九年。播聲教於人天，摧外道於雙樹。化緣事畢，却返無爲，應物適時，如是示現。何待老子始化，尹喜變身，掩他神功，矜爲己勝？佛生周昭之代，老降定王之朝，世隔一十七帝，年經三百餘祀。化已滿於天下，教已滿於龍宫，家仰仁慈之風，國遵釋氏之範。豈假李耳重整，煩陀再現？援前著後，諂誑庸愚。昔日過關，雇徐甲而爲從，奚有天人侍衛乎？乘鹿柴車，何有七寶之座乎？廣顙聃耳，焉有萬丈之身乎？狡佞不經，欺賢謅聖。鯤化爲鵬，蓋緣自變；蛇蜕爲雉，匪假他功。此皆物理自然，陰陽感召，待時而發，非他使然。老子自是凡人，身爲臣子，何能別生神聖。更使尹喜作佛，昧自心靈，瞎他眼目，悖禮慢聖，殃報拔舌。善惠仙人，將登八地，遇燃燈佛，受無生記。此乃世尊往生之號，既然成佛，功成果滿，化緣事畢，入於涅槃。遷神常樂之鄉，永入無爲之境。豈可作佛事畢，更作善惠仙人？將後著前，一何錯亂；妄竊不真，壞人視聽。夫上天雖樂，〔一六〕終是輪迴，不免三災之殃，難逃五衰之苦。聖人超出生死，苦樂兩忘，高超三界之津，獨步六塵之表。何返歸天上，却入囂塵，雜污我聖人，欺謾我大覺。此同棄天子之尊嚴，慕厮養之賤役；捨華堂之廣厦，悦蔀屋之茅簷。汝欣賈奕之榮，我耻糞土之辱。隋大臣楚國公楊素行經樓觀，見壁間畫像，問道士曰：「此何圖也？」道士對曰：「老子化胡成佛圖。」素曰：「承聞老子化胡，胡人不受，老子變身作佛，胡人方受。是則佛能化胡，道不能化，何言老子化胡也？」道士不能加答。善哉楊素之言，此通人之論也！若胡人不先知有佛，詎肯受佛之化乎？以此考之，則印土先有佛矣。〔一七〕而言尹喜作佛，老子始變，何欺吾門之深乎？樓觀尹喜故宅，在關之南，今道士居之，仍在。

冒名僭聖僞十二

第四十八化云：商太宰問夫子曰：「夫子聖人歟？」孔子對曰：「聖則丘何敢焉。然則丘博學多識者也。」太宰曰：「三王聖者歟？」孔子曰：「三王善任智勇者。〔一八〕聖則丘不知。」太宰曰：「五帝聖者歟？」孔子曰：「五帝善任仁義者。聖則丘弗知。」太宰曰：「三皇聖者歟？」孔子曰：「三皇善任因時者。聖則丘弗知。」太宰大駭曰：「然則孰者爲聖？」孔子動容有間曰：「丘聞西方之人有聖者焉。不治而不亂，不言而自信，不化而自行，蕩蕩乎民無能名焉。丘疑其爲聖人也。」史志經云：孔子在魯，老子在周，以魯望周之洛陽，故在西方，蓋指老子爲西方聖人也。孔子問禮之時，先有猶龍之歎，故此指老子也。

辨曰：夫自炫自媒，婦女之醜行；不矜不伐，聖人之深能。是以舜美禹功，嘉有勳而弗競；孔稱孟反，孟之反。猶退厚而居薄。由是美譽播於千秋，謙光輝於四海。上之所引，具見列子仲尼篇中，古今通論，以謂此夫子推佛爲西方大聖人之語也，唐琳法師對太宗之表，張丞相作護法論，皆引此文佛西方聖人也。未聞老子在周，孔子在魯，故指老子爲西方聖人。竊名冒聖，欺我何多！僭聖人者不仁，言乖理者非智。且道源之祖，肇起黄帝，非干老子。老子師容成子，演五千文。縱然説聖，不能赶於軒轅。既三皇五帝，孔子不推爲聖，返指老子而爲聖人，不亦過乎？蓋我世尊，功圓萬行，果證十身，流光遍於刹塵，分身應於沙界。不可以人事測，不可以處所求。實三界之大師，是四生之慈父。寰中獨步，爲王中之法王；出世獨尊，爲聖中之大聖。故能高拱覺場，威行萬國。縱使周公之制禮作樂，孔子之述易删詩，卜偃之文章，〔一九〕端木之言語，馬遷之辯博，葛洪之該通，輔嗣之玄談，左慈之神化，並驅馳於域内，言未涉於大方，可爲善世之高流，難作出塵之聖者。案天竺聖方，群賢所聚，過去諸佛，共生於彼。范曄漢書後漢西域傳史論文。〔二〇〕云：「其土則殷乎中土，玉燭和暢，靈聖之所降集，賢懿之所挺生。」故古昔賢能，時有往者。老子西昇經云：「聞道竺乾，今改爲開道竺乾。有古皇先生，善入無爲，不始不終，永存綿綿。是以西行。」又古本化胡經云：「我生何以晚，泥洹一何早。不見釋迦文，心中空懊惱。」此則老子自指於佛爲西方聖人也。又「黄帝夢游華胥之國，其國在弇州之西」，王邵注云：「此指西方天竺也。」又「周穆王時，聞西方有大聖人出世，心甚懼之。乃使造父乘騄騮八駿，西上崑崙，觀日所没，以厭其氣」。又「西極有化人來，能返天易地，聖力無方，千變萬化，不可窮極。穆王敬之若神，築中天臺以居之。化人引穆王神遊，斯須之間，已如數載」。又「穆王五十二年，如來示滅，西方有白虹十二道，南北通貫，連夜不滅。王問太史扈多：『是何祥也？』扈多對曰：『西方有大聖人，衰相現爾。』穆王喜曰：『朕常懼於彼，今無憂矣。』」此則竺乾勝方，聖人居彼，故得賢王西求，化人東來也。又「張騫奉使，西窮河源，至於大夏，聞雪山南有申毒國，其人奉浮圖，不殺罰，乘象而戰。申毒即今印度也」。此則仁慈之風，詳於漢史明也。上之所引，咸指印度以爲西方，佛生於彼，故指佛爲西方聖人。豈説洛陽以爲西方，老子爲聖人哉！又云「孔子先有猶龍之歎，故此聖德指老子者」，意欲將孔子一期問禮之事，便爲老子弟子。孔子曰：「吾無常師，主善爲師。三人行，必有我師焉。」故學琴於師襄，問樂於萇弘，問官於郯子，入太廟每事問，有問稼曰「吾不如老農」，有問圃曰「吾不如老圃」。此明孔子虛懷納善，汲汲於道爾，豈有一事便爲師哉！蓋當時老子爲守藏史，掌周公之禮典，故孔子問之。若以問禮便爲孔子之師，則老農、老圃亦孔子之師哉？必不然矣。沽名炫世，求爲人師，君子不爲也。

合氣爲道僞十三

第二十三化云：老子以周昭王二十三年七月十二日至函關，尹喜既見，邀歸本第，説道德經二篇五千餘言。尹喜扣頭曰：「願授其要。」老君曰：「善。」乃爲解道德之要曰：「道者謂泥丸，音桓。泥桓者，天德也。理在人頭中，紫氣下降，下至丹田，名堵謂脾也，脾者中黄太一也，黄氣徘徊理中宫。萬物之母者，謂丹田也，丹田玄牝也，居下元中，半夜之時，一氣下降，周旋三宫。同出而異名者，謂精也，一曰精，二曰汗，三曰血，四曰液，故曰異名。玄之又玄者，謂左右腎也，衆妙之門。道可道者，謂朝食美也；非常道者，謂暮爲屎。此依張道陵解，道陵如此説也。有無相生，謂口與腹也；難易相成，謂精與氣也。」此老子授尹喜節要也。〔二〕又授尹喜神丹經、金液經，及八煉九還丹、伏火之訣。其方云：「金液還丹仙華流，高飛雲翔登天丘。赤黄之氣成須臾，當得雌雄分亂珠。可以騰變致行厨，靈童玉女我爲夫。出入無間天同符，真精凝霜善沉浮。汝其珍敬必來游。」又授九丹之名及歌曰：

圓三五，寸一分。口四八，兩寸唇。長二尺，厚薄均。腹三齊，坐垂温。陰在上，陽下奔。首尾武，中間文。始七十，終三旬。内二百，善調勻。陰火白，黄芽鉛。兩湊聚，輔翼人。子處宫，得安存。去來遊，不出門。

辨曰：夫道貴清浄，德尚無爲，恬惔内持，謙卑自牧。不依此道，别唱多端，唯以行氣運功，而爲修養，失道德之淳粹，乖自然之妙門，虚設巧言，妄加穿鑿。保丹田爲至道，守兩腎爲重玄，鄙穢麄浮，誑謔閭里。王喬、羨門之輩，非好此方；白石、赤松之流，不依此道。丹經煉訣，不見延年；服餌飡芝，罕曾久視。周武服丹而喑啞，唐武服丹而早亡，誤他多少賢良，不守樂天之旨。既道德真訣，理極於此，則道藏餘文，不足貴也。今之道士，更騁淺術。或有扶鸞而亂書，衹貪夜飲；或有驅邪而斷鬼，誑人除凶。或有拘環牆而内守，此謂坐馳；或有惜言語而不行，此謂癡默。或有熊經而鳥引，擬彭祖而齊肩；或有飲氣而息神，效龜鶴而老壽。或有運精而上腦，謂挽河車；或固丹田而内封，謂之保養。或有合氣而爲道，父子聚麀；或有奪精而採神，男女混雜。扣齒謂之天鼓，嚥津謂之醴泉。呼男根爲金莖，只圖强勁；呼女竅爲玉户，潛隱醜名。呼童女爲真人，呼交構爲龍虎，嬰兒姹女，鉛汞丹爐。故曰：「開命門，抱真人。嬰兒回，龍虎戲。三五七九，天羅地網。」故張道陵黄書云：「男女有和合之法，三五七九交接之道。其道真訣，在於丹田者玉門也。唯以禁忌爲急，不許泄於道路。道路者，尿孔也。」又道家内朝律云：「禮法：男女至朔望日，朝師入私房，詣師立功德。陰陽並進，日夜六時，常立功德。不得失内侍之序，不得貪外道失中御之道，不得抄前排後失次第之序，亦不得嫌醜愛美。」又云：「朔望之際，侍師私房，情意相親，男女交接。使四目兩鼻，上下相當；兩口兩舌，彼此相對。陰陽既接，精氣遂通。」故老子云：「我師教我金丹經，使我專心養玉莖，三五七九還陰精。呼吸玉池入玄冥，行道平等升太清。」此等歌訣，義皆如是。將斯猥媟以爲真修，不思歸根復命之言，唯行合氣鄙薄之術。以此求道，〔二〕枉陷人倫；以此超升，終身叵得；以斯滅罪，罪不可亡；以斯消災，災不可退；以斯求福，福不可生；以斯出家，家不可出。何異蒸砂作飯，虚受劬勞；鏡裏尋真，終無所獲。嗚呼！棄驪珠而拾礫，斡夏鼎而羡糠，〔三〕自誤誤他，死沉苦海，哀哉哀哉！

偷佛神化僞十四

第四十二化云：〔二四〕老子入摩竭國，現希有相，以化其王。立浮圖教，名清凈，佛號末摩尼。至舍衛國，自化作神，從天而降，天人侍衛，現身長百千萬丈。又至罽賓，降胡王及王子。火不能燒，鑊不能煮，水不能溺。胡兵百萬，弓矢劍戟，一時摧落，飛雹八衝，聲如霹靂，人馬驚仆，北郭先生，空中頌讚。又至條支國，手撥大山。至拘薩羅，降伏九十六種外道。至迦夷羅國，左手把日，右手把月，藏於頭中。天地冥暗，山飛石裂，海水逆流，山川空行。又至于闐，於南渠山示教胡王。令尹喜化作金人，身長丈六，項佩圓光，足踏蓮花，從空而下拜禮。老君謂胡王曰：「此吾弟子，與汝爲師。」又留神鉢，令得法味。又於毘摩城，地變金色，放九色神光，遍照塵沙國土。即有赤靈真人、中黄丈人、太一真君、九宫六丁、八卦神君、青龍白虎、散花玉女，浮雲而至。老君坐七寶座，燒百和香，奏鈞天樂。又有八十余國諸王妃后，皆來聽法。留尹喜作佛及鉢於毘摩城，却昇天去。老君又於葱嶺，降大毒龍。遍歷五天，於耆闍山獨木樹下化玉座，與王説浮圖，度桑門二千五百人，授以戒律。〔二五〕又六十六化云：于闐國毘摩城伽藍，是老君化胡成佛之處。中有石幢刻記其事云：「東方聖人號老君，來化我國。」下引八學士議證其事迹。

辨曰：案後漢西域傳、三國志魏、隋書、西域志，圖六十卷，志四十卷，合一百卷，成西域志。並紀西天五印有佛聖迹，或幢或柱，咸勒其事，不説老君曾留名字。初張騫西來，始傳浮圖之號，至於今代，國使往還，無慮百人，並不見老君西化之説。古谷皇帝，西征盡海，所到之地，唯有佛僧。行近西北海有一國土，城中佛塔，森然若林，彼國君王，唯是和尚。又唐王玄策奉使西行，至摩竭陀國，於耆闍崛山及佛成道處，咸述碑銘，讃佛聖化，未聞説有老君之事。上之銘讃，在王玄策傳中。又湛然居士扈從太祖西征于闐及可弗叉國，越天山，過雪嶺，風化具詳，亦未知有老子之事。即今煦烈大王，皇帝親弟，鎮守西域，在尋思干西南雪山之西，使命往還，來往不絶，除親諮詢老化云，並云無聞。則老子神異，道書僞出，既非通論，何足信哉？

夫顯明神聖，至人之能，鼠竊狗偷，狡兒巧倖。且聖王之立教也，自近化之，然後及遠。故書叙堯之盛德，先親九族；然後平章百姓，百姓昭明；然後協和萬邦。故能光被四表，格於上下。文王之德，先刑寡妻，後清四海。故遠方慕義，九譯而來。老君爲柱史之時，周道不興，諸侯擅權，大夫執政，上陵下僭，州土日促。李耳既有神聖，即合拯頽扶弱，富國安民，使君臣各位，不相逾僭。何乃九州遠棄，一身西遁？若能自己家鄉顯大靈異，九族光榮，一門讙慶，不亦妙乎！而八十四年，蔑無奇異，雇人駕車，西過函谷，身死扶風。今有扶風槐里鄉有老子冢。僞云西去，纔踐羌胡，即有神通，神州中原，全無一驗。無人見處，便唱萬端；偷佛勝能，巧説附會。佛之神異，西經具載，今有聖迹；老君靈變，東史不書。以此驗之，虛實見矣。明眼君子，試聽根由：世尊上忉利天，爲報母恩，三月説法。李耳效之，亦昇太微。世尊成佛，不起道樹，而昇六天。老子倣之，亦遊九天。世尊菩提樹下，示現降魔，弓矢盡變。老君亦摧劍戟。世尊向拘尸那國，路擲大石。老君亦撥大山。世尊説大集經並集諸王。老君亦會八千餘國。世尊北游，降阿波羅龍王，兼留其影。老君雪山亦降毒龍。世尊於本行經説九十六種外道。老君亦降九十六種外道。世尊現大神力，須彌山王湧没低昂。老君亦山飛石裂，海水逆流。世尊留下神鉢，以福群生。老君亦留神鉢。世尊右脇而生。老君剖左腋而出。世尊周行七步，表圓滿七聖財故。老子乃行九步，妄合陽極之數。世尊三十二相、八十種好。老君七十二相、八十一好。佛説真、應二身，顯其權實。老君亦説真身、法身。佛説身有四種，謂法身、報身、分自、他報。化身。老君亦説虛皇、元始、道君、老君。佛説三界。彼説三清。佛説三輪持世。彼説三氣下運。青龍、白虎，像彼金剛。玄中法師，倚於聖者。學禪庭而建方丈，依佛宇而樹法堂。以至歌讃偈唱之文、鐘鼓雲板之飾，祭靈送死、懺悔消災，九幽懺文、二十四願戒，全依華嚴十地品十不善法集成。據釋有者，彼便立之；此處若無，彼不能製。則知凡百立事，全取佛門。代代穿鑿，人人妄起；金、鍮相混，智者難分。本欲粧點，自家翻成，混沌鑿竅，耳目具矣，真神喪焉。棄道德之真文，收僞説之澆薄，教門中折，誰之罪歟？且北郭先生，本侍漢武，今隨李老，愈見後增。又南渠山及毘摩城，本佛聖迹，望合其事，屈相附會。恐人不知，今具出之。案西域記云：「于闐國王城西南二十餘里，有瞿今改南渠。室棱伽山，中有伽藍。其中佛像，時燭光明。昔佛至此，爲諸人天，略説法要。巖有石室，現有羅漢。入滅盡定，以侍慈氏。」此則非老君明矣。又曰：「王城東三百餘里，有媲摩城，中有雕檀立佛之像，高二丈餘，甚多靈異，時放光明。隨有疾病，禱之即愈。此像本是優填王造，佛滅之後，淩虚而來，以福此土。釋迦法盡，像入龍宫。」評曰：據此記説，文甚昭然。佛之聖蹤，欲爲老迹，汝雖巧會，且宜三思；駟不及舌，請君隱臆。八學士議，雖號唐人，唐書列傳，一無名姓。况復所議，不入要策，進退兩求，並無可據。設欲廣辨，枉廢詞章，道士虚陳，不勞煩叙。雖有員半千名，傳無化胡經議，詳此謬經，古今排擯。唐中宗禁之於前代，見劉煦舊唐書。今世宗斷之於後朝，見悟了然破化胡狀。若實真文，孰敢除滅？而無識道士，恒踵斯迹，使老子獲僭聖之罪，俾道人招謗佛之愆。王浮已在地獄，史志經又投圜户，老子本欲隱遁，志經推出户庭，垂歸根之本心，轉流浪於他土。執迷不返，固妄難除，同木石之頑嚚，似藥酒之瞑眩。今之辨析，要破狂心，返正道於醇源，引邪徒於坦路。知道德是賢者之語，識化胡是妖怪之談。弘老子謙静之風，抑道士誇炫之弊，皆遵斯訓，雅道長興。如曰不然，覆車及之爾。

論曰

大法東流，千有餘載，時君信毁，代涉洿隆。邪正争衡，未曾勝釋，而道士爲僧，前後三代。初漢明帝夜夢金人，飛來殿庭，項有日光。遂遣使西求，佛法從此入洛。既圖於顯節陵上，又經譯在蘭臺室中。而道士矜能，欲騁薄伎，摩騰暫現神異，無不歸心。佛教煉而愈精，道書焚而火化。由是改邪入正，落髮爲僧。北齊高祖文宣皇帝，投誠佛理，鋭意法門。而道士無知，縱其私憤，騁螢光之耀，掩龍燭之輝。文宣試之，一無可驗。聖上匪施於寸刃，修静納款於轅門，剃髮去冠，一皆爲釋。我聖朝蒙古皇帝，深仁睿聖，體道多能，英謀扇於八紘，威棱擅於萬國。留心佛理，備曉正邪，究道教之麄浮，達釋宗之要妙。首行明詔，特與掃除。欽惟今上皇帝，禀太易、太初之質，資天皇、天帝之靈。道契百王，播淳風而育德；智周萬物，弘至治以濟時。若末尼珠豈受纖塵之污，如軒轅鏡寧容片垢之惑，故能英明獨斷，亮察是非。息道士之虚聲，識僧徒之實理，敬承先制，重與辨明。具召兩宗，詳其優劣，陣旗未展，銜璧倒戈。空談六韜之謀，不補三代之失，脱袍剃髮，盡付釋門。蓋以邪法易摧，是真難滅，匪經爐鞴，何顯真金。妖氣於是屏消，佛日於是高朗，使迷途者從兹返路，溺喪者於是知歸。爲今代之銓衡，作後來之藻鑒。〔二六〕但佛教慈仁，本無争競，邪徒狂狷，妄説多端，以汝不平，起我分別。故孔子曰：「必也正名乎。」良在斯矣！

夫儒、道、釋三，世稱三教。約其懲惡勸善，則三教皆可遵行；較其宗趣淺深，則不能無其優劣。漢唐已來，固有定論，不待餘人，妄生高下。佛教慈悲，利生爲本；老君謙退，遠害爲功；儒法濟民，忠孝爲首。忠孝行，則可以全家國，播身命；謙退行，則可以解紛争，除後患；慈悲行，則可以濟群靈，窮性命。沿淺至深，表裏相救。亦由天有三光，互相顯照；鼎有三足，共力扶持。然道宗多僞，别唱規模，欲罩古今，獨超儒、釋。然前賢後哲，各著典謨，咸遵於佛，不言老聖。案文自驗，何必强争？孔子對太宰曰：「丘聞西方有聖者焉，不治而不亂，不言而自信，不化而自行。蕩蕩乎民無能名焉。」此出列子仲尼篇。老子云：「吾師化遊天竺，善入泥洹。」此出老潭經。此孔、老推佛爲聖人也。符子符朗也。〔二七〕云：「老氏之師，名釋迦文。」後漢牟子爲蒼梧太守。〔二八〕云：「堯、舜、周、孔、老、莊之化，比之於佛，猶白鹿之麒麟。」尚書令闞澤對吳主云：「若將孔、老二教，比方佛法，遠之遠矣，何以明之？孔、老設教，法天制用，不敢違天。諸佛設教，天法奉行，不敢違佛。以此言之，實非比對。」吳主善之，加太子太傅。此出舊吳書。北齊光禄大夫顔之推有家則篇。〔二九〕出云：「佛家三世之事，信而可徵。萬行歸空，千門入善，豈徒六經、百氏之博哉！非堯、舜、周、孔、老、莊所能及也。」唐秘書監虞世南帝紀史論云：「老子之義，谷神不死，玄牝長存，久視長生，乘雲駕鶴。此域中之教也。釋氏之誥，空有不滯，人我兼忘，超出生死，歸於寂滅。此象外之談者也。」後周王褒庭誥，唐李思慎釋道十異，深有旨趣，不勞繁出，智者知之。後周王褒庭誥章，在梁弘明。十異，又在清涼華嚴大教中。今上皇帝嘗有言曰：「世人將孔、老與佛，稱爲三聖，斯言妄矣。孔、老之教，治世少用，不達性命，唯説現世。止可稱爲賢人。暗符班固九等人表老子列在賢人之階。及晉孫盛有老子非大賢論，文在廣弘明集也。佛之垂範，窮盡死生善惡之本，深達幽明性命之道，千變萬化，神聖無方。此真大聖人也。自今已後，三教圖像，不得與佛齊列。」唐李商隱字義山。三教贊曰：「儒吾之師，曰魯仲尼。仲尼師聃，龍吾不知。聃師竺乾，善入無爲。稽首正覺，吾師仲尼。師老子。師。佛也。」〔三〇〕以此酬校，穹壤懸殊；以此求宗，蘭蒿自辨。且夫其流易曉，闞澤之對天分；對吴主事。其理難惑，思慎之文海截。李思慎釋道十異文。〔三一〕虞世南之著論，嶽峙淵渟；帝王通紀。顔之推之述篇，雲開日朗。但以去聖時遠，魔僞亂真；〔三二〕苟非其人，道不虚設。仰惟今上皇帝，受佛付囑，不忘護持，萬機之餘，留神釋典。西天德士，東土明師，屢詢三藏之言，妙達一乘之旨。偏欣論議，頗尚毘尼，窮性相之淵源，達釋道之優劣。龍蛇易辨，天眼難謾，〔三三〕捲氛祲於九霄，布慈雲於四海。再燃慧炬，薦燭智燈，爲法宇之棟樑，作釋天之日月。祥邁叨生像季，慶遇昌時，每有雅談，預聞座末，載欣載抃，述頌曰：

二儀始判，三才肇分。樹君建國，爰濟斯民。
羲軒以來，五運相襲。金朝政衰，玄天繼迹。
太祖撥亂，世宗建隆。篤生我后，紹美前蹤。
納款南宋，聽獻西荒。梯山航海，萬國朝王。

天縱神聰，生知妙道。建寺龍庭，誦經瓊島。
道士庸愚，鴟張老聖。炫彼魚目，掩此金鏡。
聖明懸鑒，特出狂談。一言逐北，萬古司南。
佛日高懸，法雲廣布。九有回光，四生蒙福。〔三四〕

保龍圖而鞏固，慶鳳曆以彌新。統金輪而永曜，調玉燭而長存。
邵鴻名於帝籙，煥大寶於蒼旻。播皇威於戎夏，等真固於乾坤。
躋黎元於壽域，享邦國之來賓。敦王道之坦坦，宜子孫之仁仁。
聖皇延於萬載，懿后樂於千春。四三皇而六五帝，曾何唐漢之足云。

後記

余昔見唐人譏道士云：「出言猥穢，誑妄不真。使人奉者，不仁不孝，家生梟獍之兒；無禮無親，世出豺狼之子。」又見新落髮道士罵長春宮家云：「教門無事，汝等受榮；教門有害，使俺受辱。尊稱掌教，披秉藍袍。日無素飡，月有佳宴。粉白黛黑，滿目歡呼。螓首蛾眉，終宵私樂。睛他上分之饌，受他罄折之恭。昧天謾心，今日自感。」乍聆此語，以爲不然；今此觀之，未爲過也。老子生於瀨陽之鄉，〔三五〕終於槐里之地。此本墳隴，棄而不修，恣荆棘之荒涼，任狐兔之蹂踐。年終臘節，孰聞道士之蒸嘗；獻歲秋成，弗睹女冠之礿祀。行人爲之隕涕，見者爲之哀矜。而漫説化胡之妖言，流落他邦而不返。王浮發乎餘竅，志經又揭臭風，使老子重玄之妙門，到此掃地而蕩盡。且今八十一化，其中五十餘化，偷佛效嚬；〔三六〕二十餘化，道聽塗説。唯有一化，言老子授尹喜道德真訣，〔三七〕全將合氣運精而爲立功，不以清浄爲心，專以交遘爲道。以斯祈福，福云何生？以斯禳災，災云何殄？

祥邁仰荷宸恩，忝充釋子，刳心守道，閉户閑居。待殘喘於桑榆，無求辨於邪正。憤志常之奸狡，嘉少林之甄明。蕩化胡之穢談，返遏占之寺宇。光輝釋範，匡弼真乘，功蓋補天，業隆立極。雖摩騰見美於漢朝，法上溢名於齊代，法上，北齊大統，與道士争論，道士落髮。以今校古，曾何足云哉！加以主上明聖，洞曉佛心，知玉石之不同，審薰蕕之異氣。佛是聖中之大聖，老是賢中之大賢。既天壤之懸殊，〔三八〕亦珠礫而異價。由是特回天睠，目察實虚，偃彼濁風，朗兹慧日。祥邁預斯嘉會，慶躍心靈，希前代之清塵，仰先哲之洪範。輒憑古典，斥破今圖，拔妄説之根株，折志經之誑辨。本顛末墜，瓦解冰消，豈唯千載之楷模，亦顯一時之奇事。靡敢箞於龍藏，亦可續於弘明。唱斯言而不慚，冀英能而知賞。摭我華者，難與言論云。

至元單閼之歲孟春絶筆，道者山大雲峰禪寺灑掃比丘祥邁記。

禁斷道藏僞經聖旨

欽奉聖旨禁斷道藏僞經下項見者便宜收取〔三九〕

化胡經王浮撰　猶龍傳　太上實録〔四〇〕　聖紀經　西昇經　出塞記　帝王師録　三破論齊人張融假託他姓　十異九迷論傅奕、〔四一〕李玄卿　明真辨僞論吴筠　十小論吴筠　欽道明證論唐員半千假託他姓　輔正除邪論吴筠　辟邪歸正議杜光庭〔四二〕　齕邪論梁曠　辨仙論梁曠　三天列記〔四三〕　謗道釋經破大藏經，林靈素、杜光庭撰　五公問虚無經　三教根源圖大金天長觀道士李大方述　混元生三清經〔四四〕　九天經　赤書經　上清經　赤書度命經　十三虚無經　藏天隱月經　南斗經　玉緯經　靈寶二十四生經　歷代應現圖　歷代帝王崇道記　青陽宮記　紀勝賦　玄元内傳　樓觀先生内傳　高上老子内傳　道佛先後論　混元皇帝實録

至元十八年十月二十日聖旨

長生天氣力裏，大福蔭護助裏，皇帝聖旨，道與中書省、樞密院、御史臺、隨路宣慰司、按察司、達魯花赤、管民官、管軍站人匠等官並衆先生每：

在前蒙哥皇帝聖旨裏：「戊午年和尚、先生每折證佛法，先生每輸了底上頭，〔四五〕教十七個先生剃頭做了和尚，更將先生每説謊做來的化胡等經並印板都燒毁了者。隨路觀院裏畫著底、石碑上鐫著底八十一化圖，盡行燒毁壞了者。」麽道來。

如今都功德使司奏：「隨路先生每將合毁底經文並印板，至今藏著，却不曾毁了。更保定、真定、太原、平陽、河中府王祖師庵頭、關西等處，有道藏經板。」這般奏的上頭。教張平章、張右丞、焦尚書、泉總統、忽都于思、翰林院衆學士、中書省客省使都魯、〔四六〕中書省宣使苫速丁、〔四七〕淵僧録、真藏僧判、衆講主、長老等，張天師、祁真人、李真人、杜真人、衆先生每，一同於長春宫内分揀去來。如今張平章等衆人每迴奏：「這先生家藏經，除道德經是老君真實經旨，其餘皆後人造作演説，多有詆毁釋教，偷竊佛語。更有收入陰陽、醫藥、諸子等書，往往改易名號，傳注訛舛，失其本真。僞造符咒，妄言佩之，令人商賈倍利，夫妻和合，有如鴛鴦，子嗣蕃息，男壽女貞。誑惑萬民，非止一端，意欲貪圖財利，誘説妻女。至有教人非妄佩符在臂，男爲君相，女爲后妃，入水不溺，入火不焚，刀劍不能傷害等。及令張天師、祁真人、李真人、杜真人試之於火，皆求哀請命，自稱僞妄，不敢試驗。今議得除老子道德經外，隨路但有道藏説謊經文並印板，盡宜焚去。」又據祁真人、李真人、杜真人等奏告：「據道藏經内，除老子道德經外，俱係後人捏合不實文字，情願盡行燒毁了，俺也乾浄。」

准奏。今後先生每依著老子道德經裏行者，如有愛佛經底做和尚去者，若不爲僧道娶妻爲民者。除道德經外，説謊做來底道藏經文並印板，盡行燒毁了者。今差諸路釋教泉總統、中書省客省使都魯前去，聖旨到日，不以是何官吏、先生、道姑、秀才、軍民、人匠、鷹房打捕諸色人等，〔四八〕應有收藏道家一切經文本處，達魯花赤、管民官添氣力用心拘刷，見數分付與差去官眼同焚毁。更觀院裏畫著底、石碑上鐫著底八十一化圖，盡行除毁了者。自宣諭已後，如有隨處隱匿道家一切説謊捏合、毁謗釋教、偷竊佛言、窺圖財利、誘説妻女如此誑惑百姓符咒文字，及道家大小諸般經文，若所在官司不添氣力拘刷，與隱藏之人一體要罪過者外，民間諸子、醫藥等文書自有板本，不在焚限。

准此。

至元十八年十月二十日。

中統二年六月二十八日聖旨

長生天氣力裏，皇帝聖旨：

宣撫司每根底、城子裏村子裏達魯花赤根底、〔四九〕官人每根底、張真人爲頭兒先生每根底宣諭的聖旨：

「馬兒年和尚、先生每持論經文，問倒先生每的上頭，十七個先生每根底教做了和尚也。已前屬和尚每底先生每占了的四百八十二處寺院內二百三十七處寺院，並田地、水土、産業，和尚根底回與也。」麼道。「張真人爲頭兒先生每退狀文字與了來，又先生每説謊做來的化胡經等文字印板教燒了者，石碑上有底，不揀甚麼上頭寫著底文字有呵，盡都毀壞了者。」麼道來。又「已前先生每三教裏釋迦牟尼佛的聖像當中間裏塑著有，老君、孔夫子的相兒左右兩邊塑著有來。〔五〇〕如今先生每把已前體例撇了，釋迦牟尼佛的聖像下頭塑者有。」麼道。這般説有。「依著已前三教體例裏做者，釋迦牟尼佛的聖像下頭塑有呵，改正了者。」麼道。斷了來。

如今少林長老爲頭兒和尚每奏告：「教回與來的寺院内，一半不曾回與了的，却再争有。又説謊做來的化胡經等文字印板，一半不曾燒了有。三教也不依著已前體例裏做有。」麼道。

這言語是實那是虚？真個這的每言語一般呵，一般斷了者。别了呵，怎生行的？依著已前斷了的内不曾回與來的寺院有呵，但屬寺家的田地、水土、産業回與了者。説謊做了的化胡經文書印板，〔五二〕不曾毁壞了的有呵，毁壞了者。三教也依著已前體例裏做者。俺每的這聖旨這宣諭了呵，已前斷了的言語别了呵，寺院的田地不回與呵，争底人有呵，斷按打奚罪過者。

又「這和尚每有聖旨。」麼道。已前斷了的已外，不屬自己的寺院、田地、水土争呵，不怕罪過那甚麼。

聖旨俺每底。

雞兒年六月二十八日，開平府有的時分寫來。

憲宗八年七月十一日忽必烈令旨

長生天底氣力裏，蒙哥皇帝福蔭裏，薛禪皇帝潛龍時令旨，道與漢兒州城達魯花赤、管民官、僧官僧衆、道官道衆人等：

據少林長老告稱：「蒙哥皇帝聖旨裏，委付布只兒爲頭斷事官，斷定隨路合退先生住寺院地面三十七處，却有李真人差人詐傳蒙哥皇帝聖旨，一面奪要了來。」這言語問得承伏了，是李真人差人詐傳的上頭，如今只依先前的聖旨，〔五二〕委付布只兒爲頭斷事官，元斷定三十七處地面教分付與少林長老去也。

准此。

戊午年七月十一日，開平府行。

校勘記

〔一〕約功德門而滅罪邪　「邪」，元單刻本、北藏本作「耶」。

〔二〕顯知偷佛妄説　「妄説」，徑山藏本作「妄談」。

〔三〕由是文藉生焉　「文藉」，徑山藏本作「籍籍」，似誤。
〔四〕乃乘飛飈之輪　「飈」，元單刻本、北藏本作「飆」，下一例同。
〔五〕文王　「文王」，元單刻本作正文，誤。北藏本、徑山藏本無。
〔六〕第二化云　「云」，原作「中」，元單刻本同，北藏本、徑山藏本作「云」，是，據改。
〔七〕超迹風塵　「超」，徑山藏本作「迢」，似誤。
〔八〕老君以清濁元年七月一日　「清濁」，北藏本、徑山藏本作「清漢」。
〔九〕真妻天水尹氏於瀨鄉晝寢　「瀨鄉」，北藏本、徑山藏本作「厲鄉」，本段後有一例同。
〔一〇〕赤龍晻曖　「晻曖」，元單刻本、南藏本作「晻曖」。
〔一一〕紀在伏犧之後　「犧」，元單刻本作「羲」。「伏羲」，底本或作「羲」，或作「犧」，並不統一。
〔一二〕地里之所匪詳　「地里」，元單刻本同，似當作「地理」，即「地理志」，正和「山海」指「山海經」對仗。
〔一三〕老氏却思天竺去　「去」，元單刻本同，南藏本作「住」。
〔一四〕名虔　「虔」，元單刻本同，北藏本、徑山藏本作「乾」。
〔一五〕第三十四化云　「化」字原無，元單刻本同，北藏本、徑山藏本有，據文意當有，今補。
〔一六〕夫上天雖樂　「上」，徑山藏本作「人」。
〔一七〕則印土先有佛矣　「土」，北藏本、徑山藏本作「度」。
〔一八〕三王善任智勇者　「三」，原作「二一」，據元單刻本、北藏本、南藏本改。

〔一九〕卜偃之文章　「卜偃」，北藏本、徑山藏本作「卜修」。

〔二〇〕後漢西域傳史論文　雙行夾注原在「云」字後，元單刻本無「云」字，雙行夾注在「漢書」後，現將雙行夾注調整到「漢書」之後。

〔二一〕此老子授尹喜節要也　「喜」，原作「真」，元單刻本、北藏本、徑山藏本作「喜」。按前後文均作「尹喜」，又史記卷六十三老莊申韓列傳載：「老子修道德，其學以自隱無名爲務。居周久之，見周之衰，迺遂去。至關，關令尹喜曰：『子將隱矣，彊爲我著書。』於是老子迺著書上下篇，言道德之意五千餘言而去，莫知其所終。」據改。

〔二二〕以此求道　「此」，原作「比」，據元單刻本、北藏本、徑山藏本改。

〔二三〕斡夏鼎而羨糠　「糠」，北藏本、徑山藏本作「穅」。

〔二四〕第四十二化云　「云」字原無，元單刻本同，北藏本、徑山藏本有，據文意當有，今補。

〔二五〕授以戒律　「授」，原作「受」，據元單刻本改。

〔二六〕作後來之藻鑒　「之」字原無，據元單刻本、北藏本補。

〔二七〕符朗也　此處雙行夾注，原在「云」字後，今改置前。

〔二八〕爲蒼梧太守　此處雙行夾注，原在「云」字後，今改置前。

〔二九〕有家則篇　此處雙行夾注，原在「出云」後，今改置前。

〔三〇〕刊誤卷下「釋怪」條載李商隱此文曰：「儒者之師，曰魯仲尼。仲尼師聃，猶龍不知。聃師竺乾，善入無爲。稽首正覺，吾師吾師。」（〔唐〕李涪刊誤，吴启明點校，中華書局，二〇一二年，第二四六頁。引用時標點有所改動。）大元至元辨僞録所引與此略異。「佛也」二字，原作正文，今據刊誤，改作注文。

〔三一〕李思慎釋道十異文　「慎」，原作「順」，據元單刻本、北藏本改。「十」，原作「順」，元單刻本同，北藏本、徑山藏本作「十」。按底本前文正作「後周王褒庭誥，唐李思慎釋道十異，深有旨趣，不勞繁出，智者知之」，據改。

〔三二〕魔僞亂真　「真」，原作「直」，據元單刻本、北藏本改。

〔三三〕天眼難謾　「謾」，北藏本、徑山藏本作「瞞」。

〔三四〕四生蒙福　「生」，南藏本作「土」。

〔三五〕老子生於瀨陽之鄉　「瀨陽」，北藏本、徑山藏本作「厲陽」。

〔三六〕偷佛效嚬　「嚬」，元單刻本、北藏本作「顰」。

〔三七〕言老子授尹喜道德真訣　「授」，原作「受」，據元單刻本、北藏本改。

〔三八〕既天壤之懸殊　「懸」，原作「玄」，據元單刻本、北藏本改。

〔三九〕見者便宜收取　「收取」，元單刻本同，南藏本、北藏本、徑山藏本作「燒毀」。

〔四〇〕太上實録　元單刻本、南藏本、北藏本、徑山藏本下有夾注：「宋謝守灝撰」。

〔四一〕傅奕　「奕」，原作「弈」，北藏本同，元單刻本作「奕」。按文獻記載多作「奕」，原書卷五亦作「奕」，今改。

〔四二〕杜光庭　徑山藏本作「杜庭」。

〔四三〕三天列記　「天」，北藏本、徑山藏本作「光」。

〔四四〕混元生三清經　「混元生」，元單刻本、南藏本、北藏本、徑山藏本作「道先生」。

〔四五〕先生每輸了底上頭　「頭」，南藏本作「須」。

〔四六〕中書省客省使都魯　「都魯」，原作「都」，元單刻本同，據後文增「魯」字。

〔四七〕中書省宣使苦速丁　「苦」，原作「苦」，元單刻本同，按「苦速丁」爲元代常見回回人名，今改。

〔四八〕不以是何官吏先生道姑秀才軍民人匠鷹房打捕諸色人等　「不以」，南藏本作「不問」。

〔四九〕城子裏村子裏達魯花赤根底　「達魯花赤」，原作「達魯赤」，據元單刻本、南藏本、北藏本、徑山藏本增「花」字。

〔五〇〕老君孔夫子的相兒左右兩邊塑著有來　「著」，原作「者」，據元單刻本、南藏本、北藏本改。

〔五一〕説謊做了的化胡經文書印板　「了」，元單刻本、南藏本、北藏本、徑山藏本作「來」。

〔五二〕如今只依先前的聖旨　「依」，原作「衣」，據元單刻本、北藏本改。

卷三

憲宗時期佛道争端史（上）

夫三聖人教列於中國，猶鼎足而峙，以扶皇化。夫子之言仁義者，〔一〕軌於不道之士也；老子之守謙退者，息於躁競之徒也；釋氏之談性命者，欲令返源也。而叔葉紛論，獨師己見，自矜自勝，迷本迷宗。蓋不達道之通途，守於一岐之説也。殊不知仁義行，則人人蹈於君子之徑矣；謙退行，則人人杜於貪慾之求矣；性命明，則人人達於妙道之源矣。不如是者，何爲達士君子乎？仲尼所謂齊一變至於魯，魯一變至於道，幾於此矣。而晚世道士，專尚誇誕，以譎詭不經爲奇異，以誑妄不真爲妙門。棄二篇之醇濃，雜三張之穢術。王害風以顛狂爲至德，不識道之淵源；丘處機以行鸞爲神奇，失全真之要妙。西行萬里，不明對主之談；東迴三年，偶合標其殊異。欺人謿聖，矜炫自高，始爲烏有之談，終成無是之説。古來矯妄，且略不言；今朝行事，且陳數段。

我太祖貞吉思皇帝，〔二〕龍飛朔野，虎步中原。膺寶曆以匡圖，赴昌期而司牧，順天革命，戡亂定功。軍國雖煩，留心覺路，首頒恩詔，護持佛門：「大聖神化，不可測量，所在形儀，無得損壞。隨處寺宇，所有田地，水澆上地，水碾水磨，寺用什物，凡是佛底，並令歸還，莫得侵占。大小科役，鋪馬祗應，並休出者。出家僧人，是佛弟子，與俺皇家，子子孫孫，念經告天，助修福者。凡是僧人，去住自在，休遮當者。有歹人每，倚著氣力，搔擾佛寺，奏將名姓來者。後代明君，咸遵此式。」而魔辨逼真，妄生高下，咸言丘公開三教之基，爲儒、釋本地。試叙首末，請詳臧否。

初全真之興，事非振古。按元裕之重陽真人碑云：「金朝正隆中有王世雄者，三輔人也。少以任俠見稱。中歲忽有所得，遂棄家事，浮沉酒間，謔浪無節，猖狂妄行，咄空獨笑，時人以爲病狂，遂目『王害風』焉。後遇譚、裘二道士，汲水飲酒，狂縱愈甚，狡獪難測。於縣東[土厥]墓止之，以『活死人』目之。居之二年，移於劉蔣庵，大衆不聚於三人，庵不搆於二屋。自是棲遲土窟，託處窮巷，破裘敗絮，以裹其身，執杖操瓢，乞食自濟。效癡禪之守默，坐環墻而自拘。嘗謂：『禪僧達性而不明命，儒人談命而不言性，余今兼而修之，故號全真。』行丐而東，至寧海軍，得弟子馬丹陽、丘處機、劉、譚、郝凡七人，全真之教乃大行焉。後其徒潘志源等致范君幕府致之，王君書數命。」元裕之述碑贊德，裕之引葛洪稚川之於晉、陶弘景〔三〕貞白之於梁、寇輔真謙之之於魏、司馬子微之於唐、陳圖南摶之於宋，敘此數賢，皆不及之。曲成其美，而全真之輩謂不光，故好問之文立而復毀。其徒又發杜順寶塔，聯環金骨，埋於世雄壙中，爲王害風之舍利焉。金朝世宗、章廟禁斷其風，使楊尚書就海州竟杖斷丘公八十，而音不絕，世之共聞，非妄言也。

道士丘處機字通密，登州棲霞人，號長春子。師王害風，繼唱全真，本無道術。有劉温字仲禄者，以作鳴鏑幸於太祖，首信僻說，阿意甘言，以醫藥進於上。言丘公行年三百餘歲，有保養長生之術，乃奏舉之。戊寅中，應召北行。丘公倦於跋涉，聞上西征，表求待迴，使中書湛然温詔召之，丘公遂行。初，上西征大石林牙，及可弗叉國，盡有其地。唯筭端汗奪破乃滿之地，軍馬强盛，據有尋思干城。或云邪木思干，遼之河中府也。聞上西討，即南走入鐵門，遁於大雪山南，潛趍印度。上率衆襲之，駐蹕大雪山南。〔四〕辛巳冬十一月十八日，丘公至尋思干城，以雪山大雪屯谷，可有二丈，深不可行，且止城中。壬午夏四月初五日，始過雪山，達於行宮。至上前數拜，退身致敬。禮畢，然後入帳。上問：「有何長生之藥，以資朕躬？」丘公逡巡拱身答曰：「有衛生之道，而無長生之藥。」上以言實，賜以馬乳。時迴紇山賊，亂於密邇，且令丘公還尋思干城，期以十月再話。〔五〕八月後旬，丘公復至行宫，凡有所對，皆平平之語，無可採聽。問其年甲多少，僞云不知。考問神仙之要，唯論固精養氣，出神入夢，以爲道之極致。美林靈素之神遊，愛王害風之入夢。又舉馬丹陽。恒云屢蒙聖賢提獎真性，遨遊異域。又非禪家，多惡夢境，蓋由福薄不能致好夢也。又問湛然居士觀音贊意，中書輕而不答。而有識聞之，莫不絶倒。既而東迴，表求牌符，自出師號，私給觀額。自填聖旨，謾昧主上，獨免丘公門人科役，不及僧人及餘道衆。古無體例之事，恣欲施行。上之所説，湛然居士編入西游録中，備明丘公十謬。迴至宣德等州，屈僧人迎拜。後至燕城，左右鼓獎，特力侵占。使道徒王伯平騶從數十，懸牌出入，馳躍諸州，便欲通管僧尼。丘公自往薊州，特開聖旨，抑欲追攝甘泉本無玄和尚，望其屈節，竟不能行。西京天城，毁夫子廟爲文成觀。景州奪龍角山，賈先生改爲沖虚觀。後僧欲争，丘公移書從樂居士，文過飾非。〔六〕平谷縣水谷寺正殿三身，皆劉鸞絶手，悉打澗中，改觀居之。太原府丘公弟子宋德芳占净居山，穿石作洞，改爲道院，立碑樹號。相州黄華山隋唐古刹，碑刻存焉，道士占定。混源西道院本崇福寺，〔七〕道士占訖。灤州下縣數座佛殿，〔八〕道士拆訖，並毁佛像。檀州黍谷山靈岩寺，昔是鄒衍吹律之處，〔九〕堂殿廊廡，悉皆完足，全真賈志平、王志欽倚著丘公氣力，蕩除佛像，塑起三清，石幢子推入澗中，有底田園，占佃爲主，改名大同觀。檀州木林寺正殿懸壁，壬子年全真許知觀拆毀塑像，改立三清，號爲天寶萬壽宮。良鄉縣東南張謝村興禪寺地土、棗樹、林檎園，並外白地，丘公弟子孔志童强占種佃，欺侮尼衆。如此等例，略有數百。雖莊蹻狼戾於南荊，盜跖跋扈於東魯，方今剽劫，未爲過也。不以道德爲心，專以攘奪爲務。後毒痢發作，臥於厠中，經停七日，弟子移之而不肯動。疲困羸極，乃詐之曰：「且偃之，與寢何異哉！」又經二日，竟據厠而卒。而門弟子外誑人云：「師父求福。」編丘公録者，李浩然集來。即曰：〔一〇〕「登葆光而化，異香滿室。」此皆人人具知，尚變其説，餘不公者，例皆如此。故當時之人爲之語曰：「一把形骸瘦骨頭，長春一旦變爲秋。和濉帶屎亡圊厠，一道流來兩道流。」斯良證也。大道四祖之語也。即丁亥年七月初九日也。

後道士志常字浩然，號真常子，簪冠自整，紹復前蹤。斂道士之財，〔一一〕買王臣之意，媮薄巧飾，趍媚時流。虛冒全真之名，不行道德之實。梟鳴正道，虎視釋家，挾邪作威，侵占佛寺。襲丘公之僞迹，扇殘賊之餘風，縱群下之剽奪，任私情之毀撤。打佛像而安老像，廢菩薩而作天尊。貪得忘仁，窺求無度。他處遼遠，恐人未憑，且叙京城及內屬州縣，占奪寺舍，侵植田園，磨毀碑幢，損滅佛像，略舉一二，驗知虛實。京通玄關觀音院正殿三間，塑畫完具，李志常遣本觀道衆，打絶聖像，塑著三清，雖屢陳訴，抗詔不與，今雖革正，而街西院舍近三十楹尚未分付。京净恩禪寺正殿、房寮、方丈、庫舍五十餘楹，殿内無量壽佛十六觀像，金碧炫目，女冠改作修真觀，永占住持。京憫忠寺東塔院，大道信道姑占守住坐。京慈聖院，長春宫薛道録改爲玄都觀占住。京寶塔寺經藏院，天長觀下任道姑福童占定住坐。京資聖寺唐遼舊刹，前後通街，地有三十餘畝，房有百十餘間，全真聳志朗改作葆真觀占定住持。京顯花門外金橋寺正殿釋迦渾金成就，全真張知觀拆毁大殿，平治基址，安先生丘冢，改作墳地。京銅馬坊建福院，全真鬍頭張先生占改住坐。京春臺坊西萬盈坊弘教院正殿、聖堂、僧寮、厨庫、菜園、石碑，盡被樊先生拆打訖，却將木石於戴外郎宅東蓋訖天齊仁聖廟。京西北隅吉祥院，長春宫占作窯場煉丹。經今聖旨斷定，由未分付。玉田縣北鄉妙峰院，全真滎道士盡行拆訖，於田家莊蓋女冠楊道姑、路道姑住坐。通州在城觀音院前後正殿、厨庫、僧房，全真陳和童打壞觀音，改塑老君，易名通仙觀。宛平縣齋堂村靈樂寺，全真劉知觀把釋迦太子賣與他人，火爆石碑，藏了銅鐘，拆訖佛殿，壞了舍利寶塔，平蕩墳林，蓋作通仙觀，〔二〕塑起三清。涿州在城設濟院有舍利塔七層五十餘尺，全真賈先生夜間拆了塔尖，本官詰責逃了，甲寅年改爲齊仙觀。涿州行滿寺觀音殿有白玉石觀音菩薩，坐高三尺，有糠禪任志堅，夜中打碎共十一塊，並占訖寺院，改爲永寧觀住坐。廣因寺常住位，舊堂咸備，全真梁先生改作十方觀住坐。平谷縣曆西寺正殿聖容，全真王知觀打壞塑像，占植栗園，磨了石碑，耕了地土。文家莊水谷寺殿宇、三門、雲堂、庫房、水碾、園土，全真王知觀打了塑像，却塑老君；並獨波寺正殿拆訖，占植栗園，改作道院。順州年豐龍泉寺，麻地棗園，並餘白地，〔一三〕盡被馬法師占定，改爲大道觀。安次縣北臺寺，全真羊皮李占佃；普慈寺，楊道姑占訖。遵化縣臺山寺下院靈應山栗園，劉先生占；净因院羅文谷栗園，張先生占植；縣東北般若院大殿，中幢寺雲堂，净家谷雲堂、三門，盡被張先生拆了，蓋作開陽觀。薊州天香寺栗園、地土，盡被王道政占佃；舍利寶塔高四十尺，王道政拆訖，塔上鐵竿亦自使了；又拆了墳塔十三座。甘泉山下院水碾一所，孫先生强行蓋了。報國寺下院栗園，賈先生占了。崆峒山下院田地、栗園，吴先生蓋觀占守。如此等例，寧可具詞。其餘東平、濟南、益都、真定、河南、關西、平陽、太原、武朔、雲中、白霫、遼東、肥水等路，〔一四〕打拆奪占，碎幢磨碑，難可勝言，略知名者，五百餘處，皆李志常之所主行。又自覽貢獻，圓米、果木、蜜煎、茶薑，馳驛馬疋，每歲上下，要君取榮。不以謙退爲心，專以炫名爲務。

壬辰中，合罕皇帝吊民洛汭，問罪汴梁，急於外征，未遑内整。而志常奸心狙㚷，欲欺佛家，蔑視朝廷，〔一五〕敢爲不軌。乘國軍擾攘之際，當羽檄交馳之辰，縱庸鄙之徒，作無稽之典。令狐璋首集僞説，史志經又廣邪文，菽麥不分，古今匪辨。採王浮之詭説，取西昇之鄙談，學佛家八十二龕，糅老子八十一化，要合九九之數，簧鼓二篇之風。舉李耳在於虚無之前，屈迦文降於周莊之代。〔一六〕倚竊佛教，增闡多端。欲高釋氏之前，乃説李耳在陽甲之歲；欲登儒者之上，乃立九歲在太易之先；欲同佛家五方如來，乃説五方出法度人。擬偷佛經世界初成，風輪下布，乃説氣射往來，變作彌羅之氣。如此之事，一一難陳。祇欲混自濁流，濫彼清濟；金鍮相雜，涇渭難分。誷聖欺賢，蔽蒙天下；瞎他正眼，昧自心靈。夭遏佛門，溝壑正道；慠慢典憲，不懼朝章。使秦川道衆，暗板流傳；遠地發揚，〔一七〕欲妨自害。不遇明聖，真假孰分；佛法中興，待時而顯；苟非其人，道不虚行。

我蒙哥皇帝，克岐克嶷，曰聖曰明，布政簡嚴，聰達神武。修祖宗之令典，酌先代之洪規。率由舊章，不忘外護。初鑄國寶，先賛佛門，凡是僧人，並無徭賦。聖旨特賜那摩國師白金二千定，計鈔二十萬兩。修福佛門。又令勝庵主發黄金五百兩、白金萬兩，於昊天寺大作佛事。七日方滿，飯僧萬餘也。道門志常，以八十一化圖刻板既成，廣張其本。若不遠近咸布，寧知李老君之勝。宜先上播朝廷，則餘者自然草靡。乃使金坡王先生、道人温的罕廣賫其本，遍散朝廷，近臣土魯及乞台普花等並授其本。時少林長老裕公建寺鶻林，皇上欽仰，因見其本，謗訕佛門，使學士安藏獻呈阿里不哥大王，訴其僞妄。大王披圖驗理，閲實甚虛，乃奏天子，備陳詐冒，破滅佛法，敗傷風化。天子未詳真僞，俾召少林長老及道士李志常於大内萬安閣下，共丞相鉢剌海、親王貴戚等，譯語合剌合孫，並學士安藏，帝御正座，對面窮考，按圖徵詰。志常一詞罔措，拱身叉手，唯稱乞兒不會而已，推以不知。少林讓曰：「汝既不知，何以掌教？」志常又默無言。少林因曰：「道士欺負國家，敢爲不軌。今此圖中説李老君生於五運之前，如此妄言，從何而得？且史記老子與孔子同時出衰周之際，故唐初秀才胡曾詠史詩云：『七雄戈戟亂如麻，四海無人得坐家。老氏却思天竺住，便將徐甲去流沙。』此則周末時人明矣，何乃妄搆此説，謾昧主上乎？」〔一八〕志常曰：「此是下面歹人做來，弟子實不知也。」少林又曰：「老子既是大賢，宜當佐國安民，匡君不逮，何乃坐視亂亡，西去流沙？忍而不救乎？自己家鄉而不能整，且欲遠化羌胡，不亦謬哉！此同頭上火燒而不能却，且欲遠救他山之火，縱是愚人，亦知迂誕。」志常拱默無言，面赧汗出。少林重奏曰：「道士欺謾朝廷遼遠，倚著錢財壯盛，廣買臣下，取媚人情，恃力凶愎，占奪佛寺，損毁佛像，打碎石塔。玉泉山白玉石觀音像先生打了，隨處石幢先生推倒，占植寺家園果梨栗、水土田地，大略言之，知其名者可有五百餘處。今對天子，悉要歸還。」而志常情願吐退，别無酬答。少林又曰：「此化胡圖本是僞造，若不燒板，難塞邪源。」志常唯言「情願燒却」，更無申説。上曰：「我爲皇帝未登位時舊來有底，依古行之；我登位後先來無底，不宜添出。既是説謊道人新集，不可行之。」時勝講主瞋目詈之，指爲畜類，塊然無對。〔一九〕帝謂群臣曰：「道士理短，不敢酬答也。」

少林翌日復上表云：「和林上都北少林寺嗣祖雪庭野人誠恐頓首頓首謹言：〔二〇〕聞舉直錯諸枉，能使枉者直；舉枉錯諸直，能使直者枉。此二者賞罰之源，治亂之機，莫不發乎其中矣。自生民以來，淳樸未散，故三皇五帝，垂拱南面，其政教不肅而成，不嚴而治。是以聖人觀天文以察時變，觀人文以化成天下也。及三代以降，奸宄日萌，故聖賢間生，應時設教。或洗之以道德，或封之以仁義，以防微後世之弊也。於是我釋迦大覺以周第五主昭王二十四年甲寅四月八日生於天竺，父曰浄飯皇帝，母曰大衍聖后。〔二一〕夢感白象駕日輪，忽墜於懷，覺時乃娠，誕彌厥月。聖母攀枝右脇，神化而生，列宿覩於紅蓮，九龍沐以香水。三十二相以嚴體，八十種好以隨形。指天地以稱尊，現吉祥而應世。四門觀苦，午夜逾城。六年苦行，以圓曠劫之因；萬德周身，以克多生之果。教談三百餘會，化揚八萬之門。受波旬請而入涅槃，順衆生機而示圓寂。由是道超凡聖，化被人天，凡聲教所及，莫不波蕩風靡而從之，冠其位於列聖之首也。學其道者，持五戒則備於五常，修十善則杜其十惡。存者安於王道，亡者託於人天，其大則頓息生死之源，獨出聖凡之表也。繼有東夏賢者，是曰老君，以周第二十二帝定王二年丙辰九月十四日生於楚國苦縣厲鄉曲仁里，父曰韓乾，母曰精敷。孕八十一年而生於李樹下，因以姓李，名耳，字伯陽。身長四尺六寸，額凸眉龐，反脣甕鼻，髆尖胯闊，聃耳蓬頭，〔二〕生而皓首，故曰老聃。以疑獨之道秘於心，以三寶之德資於用：曰慈，曰儉，曰不敢爲天下先。至簡王二年，官至守藏吏。十四年，遷太史。及景王二十三年己卯，以七雄分霸，天下擾攘，老氏不忍坐視其弊，有紫氣浮關，欲西涉流沙。而訪至函谷，得關令尹喜，授以道德二篇，深造妙道之理。已而弗克流沙，死於槐里。即而葬焉，〔三〕乃京兆之興平也。後之學其道者，虛心實腹，游於道德，黜於聰明。高蹈煙霞，迴出塵世，聲利不能屈，刑勢莫能移。〔二四〕雖二聖賢時有先後，教有淺深，觀其聖賢之心，未嘗有間也。自我皇朝聖祖開闢大統以來，兵燼之際，有學者興，肇起其門，是曰全真。冠伯陽之衣冠，稱伯陽之徒黨，棄伯陽之宗廟，悖伯陽之道德。浸漫四方，不可勝數。毁拆寺宇，摧滅聖像，僞興圖籍，妄設典章。肆其異端，以干時惑衆，殘賊聖人之道。輒以無稽之言，自雕入藏，目之爲經，良可笑也。如新集老氏八十一化圖、化胡經等，百端誣誕之説，使識者誦之則齒寒，聞之則鼻掩。圖云老君以殷第十八王陽甲庚申歲，真妙玉女晝寢，夢日精駕九龍而下，化五色流珠，吞之而孕。八十一年，至二十一王武丁庚辰二月十五日，其母攀李樹，剖左脇而生。九步生蓮，四方乘足，日童揚輝，月妃散華。〔二五〕七元流景，祥雲蔭庭，四靈翊衛，玉女捧接。其母攀枝，萬鶴翔空，九龍吐水。七十二相，八十一好，指天指地，唯道獨尊。及長，爲文王守藏吏。至成康，爲柱下史而棄周爵。不知此語，何從所出也？又云老君以周昭王二十四年四月八日上昇太微，復生於成都李氏家。與尹喜會，復上昇，適西竺，使尹喜作佛，以化胡人，剃鬚髮爲僧，誓而皈之。如此謬妄數端，皆兒戲之語也。嘻噫！佛生周昭，老生於定，尹喜受道德於景王之己卯，相去五百有七年。何尹喜之爲佛耶？是今日適越而昔至也，無乃太誕乎！夫老氏之首末，具載周史，而今以爲殷陽甲真妙玉女所生者，然則真妙者凡耶？聖耶？若聖，則老氏豈復仕周爲吏耶？若凡，則何族耶？況老氏之聖也，有萬種貞祥，〔二六〕而世人豈不知，復以爲吏耶？何捨明趣昧如此，可不愧歟！況今槐里冢墓在焉，其徒以爲老氏白日上昇，何冢墓之有哉！乃棄於荆棘之間而不祀，此皆具人眉目者之所不爲也。其莊、列氏亦伯陽之命世亞聖也。而子莊子言老聃死，秦佚弔之，三號而出。獨不言上昇太微之事乎？子列子雖關尹喜一言之善，又嘗捨之，又喜仲尼答西方有大聖人，以爲至言。獨不言化胡之事乎？略舉其兩端，則衆謬斯釋矣。以前後所説，全與本史相違，似非老聃者也。然則老聃外别有太上老君者成聖耶？何設僞以非聖人者如此？且夫世亦有至不肖者，然樵牧之豎，安敢輒欺之，況大聖人乎？仲尼曰：『非聖人者無法，此大亂之道也。』又許昌新作三教碑，以老氏正席，佛、儒翼之，亦不稽古之甚也。且三教之位，自漢至今，千有餘載。如指之據於掌，短長左右，固有定處，豈匹夫匹婦能異哉！觀此效顰忘本之徒，必欲毁滅大覺之道，非毁而能滅，惜乎伯陽之道掃地矣！何哉？猶藤蘿倚於喬松，枝葉繁榮，蔭及頃畝，樵牧過之，仰而歎曰：『大哉！鬱鬱乎藤之茂且盛矣！』如此而不言松栢之大本也。既而松無以施其枝葉則枯，枯則絶，藤蘿委地，靡所不致。雖深根固蔕，而復欲望之於雲漢，不亦遠乎！于戲！

伯陽之道，其若是而已矣。幸遇主上，英雄紹聖，聰哲御天。軒鑒洞乎八方，舜日照於四海。察纖毫而莫隱，臨大統以無私。仰願正三教之典謨訓誥，保合大和；爲萬世之規矩準繩，固非小補。但野人福裕，無任瞻天望聖，誠惶誠恐，頓首謹言。」〔二七〕即乙卯年八月也。

帝既目覽是非，具知臧否，乃傳聖旨曰：「那摩大師、少林長老奏來：先生毀壞了釋迦牟尼佛底經教，做出假經來有；毀壞了釋迦牟尼佛底聖像，塑著老君來有；把釋迦牟尼佛塑在老君下面坐有。〔二八〕共李真人一處對證問來，李真人道：我並不理會得來。今委布只兒衆斷事官，那造假經人及印板木，不揀是誰根的有呵，與對證過。若實新造此説謊經，分付那摩大師者，那造假經底先生，布只兒爲頭衆斷事官，一處當面對證，倒時決斷罪過要輕重，那摩大師識者。又毀壞釋迦佛像及觀音像，改塑李老君底，却教那先生依前舊塑釋迦、觀音之像，改塑功了，却分付與和尚每者。那壞佛的先生，依理要罪過者。斷事官前立下證見，交那摩大師識者。若是和尚每壞了老子，塑著佛像，亦依前體例要罪過者。」即乙卯年九月二十九日，君腦兒裏行此聖旨。

那摩大師緣此聖旨，見奉福寺先生侵了餘占寺院，先生不肯分付，及玉泉山白玉觀音，先生打了不肯陪還，使少林長老、金燈長老就德興府對今上皇帝，宣前聖旨，即要陪償。少林長老先與執結，而張權教志敬妄欲支吾，不肯分付。今上大怒，令劉侍中、活者思毆擊罵之，頭面流血，全無愧耻。

明年，遣使胡睹孫下來，依著皇帝聖旨本意，盡行歸斷，時築界牆，分付奉福寺家。初蒙哥皇帝聖旨裏，委付布只兒爲頭衆斷事官，隨路合退先生住著寺院地面三十七處，並令分付釋門。而李志常不依歸斷，差道士樊道録再奏聖旨別生情見，依著胡睹虎那演抄數已後，不許改正。雖如是奏，上未允許。而道士樊志應但向乞台普花處説，便詐傳皇帝聖旨，一面却都奪了，復推界墻。

丙辰年五月，那摩大師再共少林長老、奉福亨長老、統攝温庵主、開覺邁長老、大名津長老、上方雲長老、資福朗講主、塔必少大師、蘇摩室利、中山提領要阿失、真定譯言蒙古歹，並上合剌鶻林，預待李志常等共對朝廷，與先生每大行辨論。以七月十六日，覲帝於鶻林城之南昔剌行宫，帝引諸師入内，温顏接話，並賜金帛，專待道士辨明真僞。而李志常怯不敢去，自念前對天子，唯推不知，今更相抗，慮恐墮負。乃使權教張志敬字義卿、魏仲平、温的罕等遷延緩進，狙僧遠近，竟不面會。覘聞諸師退朝，即復趍程。天子、阿里不可大王知此道士無理，雖復多語，竟不與言。而李志常見僧上行，進退狼狽，愁思内鬱，變成腦疽，股慄魂驚，又感雷震，因而殂焉。故當時之人爲詩詠云：「樝子店前不死方，老丘傳與李真常。三千玉女長春館，十二瓊樓偃月堂。服氣變爲休息痢，吞霞化作腦疽瘡。全真業貫年來滿，霹靂掀簷罪玉皇。」聞者以爲實言。即戊午年六月日也。帝以諸王大會封賞事殷，僧道對辨之事，且令阿里不合大王替行問當，所有事件，一一奏聞。

初盤山中盤法興寺，亥、子年間天兵始過，罕有僧人，海山本無老師之嗣振公長老首居上方，橡栗充糧，以度朝夕。全真之徒挾丘公之力，謀占中盤，乃就振公，假言借住。振公以謂，道人棲宿，猶勝荒凉，且令權止。占居既久，遂規永定，王道政、陳知觀、吴先生等，乃改拆殿宇，打損佛像；又冒奏國母太后娘娘，立碑改額爲棲雲觀。院内古佛舍利寶塔高二百尺，又復平蕩。影堂、正殿、三門、雲堂，悉皆拆壞。屢僧争奪，而不能革。乙卯年，聖旨斷與和尚，不肯分付。後上方長老雲公忿其無理，破碎其碑，奏告今上皇帝。又共那摩大師、少林長老朝覲蒙哥皇帝，具陳其事。聖旨委付今上皇帝改正其弊，却爲僧院。即戊午年九月初四日也。

德興府水谷寺舊來佛像及十六羅漢，並是石作，妙盡奇功。兵火之後，無僧看守，有諸道士，竊而居之。日久綿遠，恐僧争奪，故泯其迹，遂毁諸像，填於水塹。後僧争之，諱本道院僧，搜刷像出，道士乃伏。上方提領雲長老負壞像首上奏朝廷，阿里不合大王見而悲感，即喚金坡王先生、道人右法籙，鳴鏑射之，以石打之，道士頭皆流血。謂道士曰：「佛之真身，杳然絶朕，猶如虛空，不可破壞。眼尚不睹，豈能損耶。但汝無知，作地獄種子，縱汝邪愚。世中有底汝能壞了，還曾損著真佛身耶？」明知道士侵占佛寺，壞了佛像，故不虛語。

又燕北玉泉山舊有白玉石觀音像，被道士打壞，身首分離，擊碎石塔，穿石作洞，内刻道像。上諂朝廷，爲國家修善之所，投簡福地。欲永占定，恐後争奪。李志常後腦疽既發，雷震而卒，遂假葬，棺柩内盛笠子柱杖，〔二九〕埋於玉泉。而實尸葬於五華觀中，圖欲移年遷葬，但顯空棺，妄待傳播。效他達磨尸解仙去，而神不容奸，欲隱彌露。因賽典赤使人貢傘，具陳其事，蕃漢聞之，哂其奸佞。皇弟大王聞斯矯詐，乃訴於帝曰：「道士從來欺謾國家。昔年説爲投簡福地，今日返葬浩然臭身。若實如此，不可輕赦。」乃遣馹使何會必闍赤及阿斯蘭下來發掘，〔三〇〕果掊出空棺。〔三一〕鞫問實尸埋在五華觀内，剖而視之，已成腐爛。如此僞妄，天下共知。而道士刻圖，出神上昇，而天長觀内千片雲板，自破無聲，萬人之鑊，不覺罅裂，琉璃巨閣，忽爾崩摧。不祥之事，難以具數，斯亦積僞謾之所致也。而玉泉山水地土，聖旨盡付那摩國師。跨崖據泉，上蓋觀音重閣，内塑其像，金塗綵繪，巧妙丹青，却爲釋有。

帝對諸師曰：「我國家依著佛力，光闡洪基，佛之聖旨，敢不隨奉？而先生每見俺皇帝人家歸依佛法，起憎嫉心，横欲遮當佛之道子。這釋、道兩路，各不相妨。只欲專擅自家，遏他門户，非通論也。今先生言道門最高，秀才人言儒門第一，迭屑人奉彌失訶言得生天，達失蠻叫空謝天賜與。細思根本，皆難與佛齊。」帝時舉手而喻之曰：「譬如五指，皆從掌出，佛門如掌，餘皆如指。不觀其本，各自誇炫，皆是群盲摸象之説也。」時逼冬寒，而先生每終不肯到，路上淹留。帝謂諸師曰：「道家既不肯來，必是理短，不敢持論。」却令僧衆，乘驛還燕。乃丙辰年九月十日也。

丁巳年秋八月，少林長老、金燈長老再上朝廷，阿里不哥大王特傳聖旨：「道家前來做下八十一化圖，破壞佛法，並餘謗佛文字有底板木燒毁了者；有塑著底、畫著底、石頭上刻著底，先生每不依舊時體例裏底，並與壞了者、刷洗了者、磨了者。委付今上皇帝，如法行了者。」帝念此處已定，漢地不知，若不就彼，廣集對辨，辭窮自屈，乃訟國家，强抑折伏。時今上皇帝建城上都，爲國東藩，皇帝聖旨，倚付將來，〔三〕令大集九流名士，再加考論，俾僧、道兩路，邪正分明。今上皇帝承前聖旨事意，普召釋、道兩宗。少林長老爲頭衆和尚每，張真人爲頭衆先生每，就上都宮中大安閣之下，〔三三〕座前對論。內衆即有那摩國師、拔合斯八國師、西蕃國師、河西國僧、外五路僧、大理國僧、漢地中都圓福超長老、奉福亨長老、平灤路開覺邁長老、大名津長老、塔必小大師、提點素摩室利、譯言真定蒙古歹、北京詢講主、大名珪講主、中都壽僧録、資福朗講主、龍門育講主、太保聰公等三百餘僧。儒士竇漢卿、姚公茂等，丞相蒙速速、〔三四〕廉平章、丞相没魯花赤、張仲謙等二百餘人，共爲證義。道士張真人、蠻子王先生、道録樊志應、道判魏志陽、講師周志立等二百餘人，共僧抗論。〔三五〕今上問曰：「道家所造八十一化圖，並餘謗佛文字，李志常先於蒙哥皇帝面前，共少林辨論，已屈伏了，招承燒却。」

校勘記

〔一〕夫子之言仁義者　「夫」，原作「天」，據元單刻本、南藏本、徑山藏本改。

〔二〕我太祖貞吉思皇帝　「貞」，元單刻本同，北藏本、大正藏本作「成」。

〔三〕弘景　原作「洪景」，據元單刻本、南藏本、北藏本、徑山藏本改。又元單刻本作正文，此句中「謙之」「摶」二處亦同作正文。

〔四〕駐蹕大雪山南　「蹕」，原作「驛」，據元單刻本、北藏本改。

〔五〕期以十月再話　「話」，元單刻本同，南藏本、北藏本、徑山藏本作「詔」。

〔六〕文過飾非　「文」，原作「聞」，據元單刻本、南藏本、北藏本、徑山藏本改。

〔七〕混源西道院本崇福寺　「混源」，元單刻本同。作爲地名，通常寫作「渾源」。

〔八〕灤州下縣數座佛殿　「座」，原作「坐」，元單刻本同，據北藏本、大正藏本改。

〔九〕昔是鄒衍吹律之處　「吹」，原作「大」，據元單刻本、南藏本、北藏本、徑山藏本改。

〔一〇〕即曰　原作「即日」，据文意改。

〔一一〕斂道士之財　「斂」，原作「撿」，據元單刻本、南藏本、北藏本、徑山藏本改。

〔一二〕蓋作通仙觀　「蓋」，元單刻本同，徑山藏本作「改」。

〔一三〕並餘白地　「餘」，原作「余」，據元單刻本、北藏本改。

〔一四〕其餘東平濟南益都真定河南關西平陽太原武朔雲中白霫遼東肥水等路　「餘」，原作「余」，據元單刻本、北藏本改。

〔一五〕蔑視朝廷　「廷」，原作「庭」，據元單刻本、北藏本改。

〔一六〕舉李耳在於虚無之前，屈迦文降於周莊之代　「迦文」，原作「文」，據元單刻本、北藏本補「迦」字。又此句南藏本、北藏本、徑山藏本作「乃舉李耳在虚無之前，屈迦文降周莊之代」。

〔一七〕遠地發揚　「揚」，原作「楊」，據元單刻本、北藏本改。

〔一八〕謾昧主上乎　「主」，原作「王」，據元單刻本、北藏本、徑山藏本改。

〔一九〕塊然無對　「塊」，似當作「愧」。

〔二〇〕和林上都北少林寺嗣祖雪庭野人誠恐頓首頓首謹言　「誠恐」，元單刻本同，北藏本、徑山藏本作「誠惶誠恐」。

〔二一〕母曰大衍聖后　「衍」，元單刻本同，北藏本、徑山藏本作「術」。

〔二二〕聃耳蓬頭　「蓬」，元單刻本同，北藏本、徑山藏本作「鬅」。

〔二三〕即而葬焉　「即」，似當作「既」。

〔二四〕刑勢莫能移　「刑」，似當作「形」。

〔二五〕月妃散華　「妃」，原作「如」，據元單刻本、南藏本、北藏本、徑山藏本改。

〔二六〕有萬種貞祥　「貞」，元單刻本同，北藏本、大正藏本作「禎」。

〔二七〕頓首謹言　「頓首」，元單刻本同，北藏本、徑山藏本作「頓首頓首」。

〔二八〕把釋迦牟尼佛塑在老君下面坐有　「坐」，原作「座」，據元單刻本、北藏本改。

〔二九〕棺柩内盛笠子柱杖　「盛」，原作「成」，元單刻本同，據北藏本、大正藏本改。

〔三〇〕乃遣馹使何會必闍赤及阿斯蘭下來發掘　「馹」，原作「駟」，元單刻本、南藏本、北藏本作「馹」，徑山藏本作「驛」，據元單刻本、南藏本改。

〔三一〕果搯出空棺　「搯」，原作「棓」，據元單刻本、北藏本改。

〔三二〕倚付將來　「付」，原作「村」，據元單刻本、北藏本改。

〔三三〕就上都宫中大安閣之下　「大安閣」，原作「大閣」，元單刻本等同。按上都宫中正殿爲大安閣，據增「安」字。

〔三四〕丞相蒙速速　「丞相」，原作「承相」，元單刻本同，據北藏本改。

〔三五〕共僧抗論　「抗」，原作「杭」，據元單刻本改。

卷　四

憲宗時期佛道争端史（下）

今上問曰：「道家所造八十一化圖，並餘謗佛文字，李志常先於蒙哥皇帝面前，共少林辨論，已屈伏了，招承燒却。皇帝恐先生每心内不伏，特傳聖旨，再倚付將來，令子細持論。若是僧、道兩家有輸了底，如何治罰？」釋曰：「西天體例，若義墮者，斬頭相謝。」而道士相顧，莫敢明答。帝曰：「不須如此。但僧家無據，留髮戴冠。道士義負，剃頭爲釋。」時先生每梟躍鶴列，藍袍錦袖，攘臂争前。僧曰：「釋、道辨諍，源起化胡，今將從頭，一一討論。且如汝書題云太上混元上德皇帝明威化胡成佛經，若具辨之，恐成繁雜，且舉大意，試爲評論。」問云：「今化胡經文，端的實是老子説耶？」道曰：「是老君説也。」釋曰：「若是老君説來，化胡經中説俺僧衆剃髮受戒所行之事，汝宜知之。受戒儀範，詳細説來。」道曰：「你每之事，我不管之。」釋曰：「受戒小事，汝猶不知。明顯化胡經文，並是偷佛經作。」道士無答。又問：「化胡成佛，佛是何義？」道曰：「佛是世間上等好人。」釋曰：「自古已來多少好人，何不稱佛耶？佛之深義，汝本不知。」道曰：「佛是覺義。」釋曰：「覺個甚麽？」道曰：「覺察覺悟。」釋曰：「何者能覺？何者所覺？」道曰：「覺天覺地，覺陰覺陽，覺仁覺義，覺知覺信，無所不覺，是佛義也。」釋曰：「佛是大聖之人，窮盡性命之道，豈但覺於仁義耶？五常訓世之典，孔子所談，佛若但知此者，孔子何不稱佛耶？」道士無答。圓福長老問姚公茂曰：「仁義等語，老子之言耶？孔子之言耶？」姚公茂答曰：「孔子之教也。」圓福曰：「道士從來偷俺佛經，改作道書，儒門唯有仁信之言，汝家看守不定，亦被道士都當面偷了。」〔二〕帝問諸儒曰：「仁義之語，孔子所談耶？」姚公茂等對曰：「是孔子之説也。」帝曰：「既是孔子之説，云何將來説佛？明知道家之言，並是説謊之語。」道士既不能答，乃將老子傳、化胡經、史記等書呈於帝。帝曰：「不須道士多言，但取文字爲證。」帝曰：「此是何人之書？」道曰：「此是漢地自古已來有名皇帝集成底史記，古今爲憑。」帝問：「自古皇帝唯漢地出耶？他處亦有耶？」道曰：「他國亦有。」又問：「他國皇帝與漢地皇帝都一般麽？」道曰：「一般。」又問：「既是一般，他國皇帝言語，漢地皇帝言語，都一般中用麽？」答曰：「都中使用。」帝曰：

「既中使用，老子他處不曾行化，而這史記文字主張，老子化胡不是説謊文字，那這般史記都合燒了，不可憑信。」道士並無一答。那摩國師以柱杖指著道士罵曰：「這般驢馬之人，百事不曉。與這般先生説個什麽？」拔合思八國師問曰：「老子留下根本經教，名爲什麽？」答曰：「有道德經是正根本。」再問：「除此經外，更有什麽根本經教？」再答：「唯此道德，爲源本經。」再問：「此道德中還有化胡事麽？」答：「無有此事。」問：「此中無有，何處説耶？」答曰：「漢兒地面史記文字説化胡事。」問：「你上説言，他國史記與此漢地史記一般中用，俺西天有頻婆娑羅王史記言語，還憑麽？」答曰：「都是史記，敢不憑信！」又問：「既然憑信，彼史記道：『天上天下無如佛，十方世界亦無比。』此是西天史記恁般説來，既天上天下無如佛，何處更顯老君化胡成佛來？明知你每之言，並是虚謟之説。」道士無答。國師又曰：「彼史記又言：『天下有頭髮底俗人，禮拜一個小小沙彌。』這般言語彼史記道來，〔二〕不曾見説老君度人，汝曾聞麽？」道士答曰：「不曾聞得。」上怒曰：「偏此史記汝不聞得，漢地史記你偏聞得。」姚公茂謂道士曰：「守隅曲士，難論大方。只爲執著漢兒史記，自語相違。嚮者前言都是史記，敢不憑信？既西天史記如此言之，則佛是聖也。今已輸了，猶更折證。」道士默然。帝曰：「老君之名，但聞此處。佛之名字，普聞天下。何得與佛齊耶？」道士言既無據，面赧詞窮。

先是，少林上表於蒙哥皇帝，論道不真，中有一道士，不勝其憤，高言謂少林曰：「汝之表文謗李老君，言其實死妄，引莊子秦佚吊之。此乃莊周寓言，何可憑信？」少林曰：「莊子之書，道家宗尚，既是寓言，則道藏之言，並無實説。」道士又屈。

帝問張真人曰：「你心要持論否？」張真人曰：「不敢持論。」上曰：「你每常説，道士之中多有通達禁咒方法，或入火不燒，或白日上昇，或攝人返魂，或驅妖斷鬼，或服氣不老，或固精久視。如此方法，今日盡顯出來。」張真人並無酬答。時逼日没，閣中昏暗。帝曰：「道士出言掠虚，即依前約，脱袍去冠，一時落髮。」當時正抗論者一十七名。論畢，那摩大師使西京明提領、燕京定僧判、玉田張提點、德興府龐僧録，及隨路僧官，監守防送，來到燕京。既入都門，塔必大師、蘇摩室利使道士星冠袍服，掛在長竿，普令曉喻，〔三〕並私占寺宇、山林、水土四百八十二處，並令分付釋家。洎燕京奉福寺長春宮所占虚皇大閣，却分付與金燈長老。上件八十一化等僞經，及有雕底板木，並令燒却。並天下碑刻之文、塑畫之像，道家無底盡與剗除。少林長老與僧議曰：「若盡要了，恐譏恃力。却回與二百八十處，但取訖二百二處。」大小讃美，稱佛門之多讓焉。

今上皇帝乃降聖旨曰：「依著蒙哥皇帝斷來聖旨，先前少林長老告稱李真人爲頭先生，雕造下説謊底文書化胡經、十異九迷論、復淳化論、明真辨僞論、辨正謗道釋經、辟邪歸正議、八十一化圖上，欽奉聖旨，倚付將來。俺每拘集至，和尚、先生對面持論過。爲先生每根脚説謊上，將和尚指説出來底説謊化胡經衆多文書，並刻下板燒毁了者。這般斷了也。恐别人搜刷不盡，却教張真人自行差人，各處追取上件經文板木，限兩個月赴燕京，聚集燒毁了者。及依著這説謊文書轉刻到碑幢並塑畫壁上有底，省會隨處先生就便磨壞了者、刮刷了者，先生不得隱藏者。若有隱藏的，或人告首出來，那先生有大罪過者。」時戊午年七月十一日行。

張真人既聽讀訖，乃使人就雲臺觀追取説謊僞經化胡經、八十一化圖等板木，及隨處宫觀有底僞經，輦載到燕京，於大憫忠寺正殿之西南，面對百官，並與燒却。萬壽諫和尚與下火云：「伏聞三元五運之肇，百家諸子之書，莫不導人倫信義之風，述堯舜周孔之道。統其要也，未達真俗之源；陳其理也，不出有無之域。〔四〕豈若三達無礙之智，百神無以儔；十力無等之尊，千聖莫能匹。梵天仰焉，帝釋師焉。道濟四生，化通三界。圓音一唱，則外道摧鋒；法鼓暫鳴，則天魔稽首。故號佛爲天人師、無上大法王。豈得與衰周老子比德争功？但以法流漸遠，魔外滋多，爰有全真，衰集道藏。充函溢几，空多修煉之方；堆案盈箱，謾説導引之術。延年却老，自古虚傳；羽化長生，於今有幾？無奈祭酒道士王浮志經，學謝管窺，智慚螺測。〔五〕矜白烏之翼，望駭泰山；負爝火之明，争輝日月。攄己所憾，悖乎揚言。妄語化胡，謬稱十異。邪言惑正，魔辯逼真。攘竊佛經，黷亂聖典。全無忌憚，恣其猖狂。履水而説涅槃，曾無憑據；蹈火而談妙法，有類俳優。用梵爲唐，以冠加足。文多訛謬，義有差違。誣詐自彰，寧煩縷説？既非老氏所製，毀之則有益生民；况是鄙人所談，除之則有光先哲。伏承我聖朝世主，大國賢王，膺千載之期，安九五之運。扶危濟世之德，越湯武而獨高；夷凶剪暴之功，逾漢唐而孤顯。蕩蕩巍巍，聖德難名。加以留心釋氏，駐意佛門。志欲還淳，情存去僞。理乖事舛者，雖在親而必除；義當名符者，〔六〕雖有疎而必舉。近聞隨處道觀，安傳化胡僞書，並餘傳記，屬詞鄙陋，殆不可聞。出惡語若梟鷹，肆慘毒如蠆尾。述妖妄，惑人心；傳淫書，亂物性。爲善寡，爲惡深。玷辱先賢之典謨，敗傷人倫之風化。如聖旨到日，拘刷前來，於燕京稠人廣衆之前，並皆焚毀，杜絶邪源。若私畜者，準制科罪。從此葉墜柯摧，雲收霧捲，狀洪爐之焚纖羽，猶炎景之爍輕冰。負勝之流，於斯可見。暫歸慈定，已破魔軍；聊奮慧刀，即除邪教。可謂廓清寰宇，大振玄風，佛日由是增輝，法雲所以大布。蒙皇家闢正覺之路，使黎民出邪見之林，正當今日。既然滿載將來，好與一時燒却。且道燒却後，成得個甚邊事，諸人還委悉麼？西風也解嫌狼藉，吹却當年道教灰。己未年九月初七日，於中都憫忠寺前築臺，集在城僧道、官僚及士庶人，焚燒諸路應有道藏經傳記，並開行印板，〔七〕並皆除毀，掃其邪蹤。仍仰隨處道觀，不得私畜。如違治罪。今築土臺，用記其處，其天下占了寺院，亦即改正，所有星冠袍服普散。西蕃、回回、大理國，咸使聞見。其落髮道士，遍散諸寺，無一逃失。若去了者，與賊同罪。」〔八〕

當時論畢，有一道士，潛隱名姓，不勝憤怒，乃上言三百八十歲，駕言壽永，以傾僧人。上召問曰：「你既多年，當初宋上皇時，僧有何過，使戴冠耶？」道士曰：「山中住來，不知此事。」上曰：「既言三百，何言不知？既不能知，此是說謊人也。」使寮佐張仲謙、元學士窮考年數，乃三十餘歲，本邢州人也。上怒其不實，始則配塗役夫，終竟喂了豹子。嗚呼！作德心逸日休，作僞心勞日拙。桀紂殊世而齊惡，奸人異代而等僞。斯言信乎！初丘公西行，壬午年中見太祖時，有七十四五，至於遷化，纔近八十。而劉温誑詐太祖，言丘公有三百餘歲，及太祖問以年甲，僞云不知。故湛然居士編此語在西遊録中，標其謅主。今此道人，又踵前蹤。既一言之出口，終駟馬之難追，恣掘强而狂言，〔九〕竟葬身於豹腹。疾在膏肓而莫療，心同頑石以難迴。前車已覆其轅，後車又不改轍。邪妖僞妄，歷代恒興，略敘二三，以彰奸匿。

初後漢沛人張道陵，客遊蜀上，住鵠鳴山，造作道書，創置條儀。縻鶴山頂，誑誘獠民，奉其道者，出米五斗，時號米賊。後爲大蛇所吞，身葬蟒腹，弟子詐云全身上昇。後魏寇謙之字輔真，自號天師，佞惑太武於嵩高山上，建浄輪天宫。太武親授符籙，旗幟尚青，以合道家之色，覬覦長壽。而太武身感癘疾，寇謙身亦早卒。〔一〇〕勞擾萬民，竟無一補。金陵道士陸修静，辯口利語，增制符章，妄陳三籙，救世攘凶。會梁武捨事李老，詔行天下，道不能興，乃率門弟子北投高齊。廣贈金帛，遍散王公，冀行道法。專倚淺術，欲振佳聲，文宣試之，一無可驗。昇空者墜於臺下，入火者燎却眉毛。唐之葉静，妖術亂主，夜引玄宗，游於月宫。而禄山搆禍，幾於亡國。道士趙歸真，巧言取譽，惑亂武宗，行合氣穢術，服金石毒藥，長生未驗，藥燥先亡。宋林靈素，炫騁小伎，要君取榮，夜引上皇，夢遊神霄，傾惑耳目，號爲天師。既而汴水泛溢，陷没齊民，上俾林氏治之，了無一效。洪波湧沸，上起天津，朝野驚惶，控告無所。上皇焚香禱佛，謝過責躬，感泗州僧伽大聖現身，雲濤自弭，萬民懽慶，林氏逃亡。金朝末代，有烏骨崙先生，常披麻被，徒遊里巷，咄空罵衆，詐號神仙，下愚庸徒，亦有信者。哀帝惑之，頗信鄙術，任道士狡獪之情，行世間猥媟之法。道士身罹於憲綱，哀帝命盡於蔡州。如此奸凶，隨代常有。始禍延於閭里，終傾覆於家邦。若孽狐之爲祥，猶虵虺之洩毒。以怪生怪，將虚捏虚，聽之則滿耳洋洋，求之則捕風繫影。散道德之醇粹，扇澆漓之邪風，污辱人倫，敗傷王化。而更肆頑嚚，不懼朝章，無上善若水之能，有下愚饕餮之行。侵黎民之沃壤，占釋氏之膏腴，〔一〕買權勢之人情，遮佛門之正道。首濫觴於丘老，卒潰堰於志常，雖恣縱於奸心，終見笑於智者。

善乎湛然中書西游録中云：「客問居士曰：『今之出家人，率多避役，苟圖衣食，若削髮則難歸於俗，故爲僧者少，入道者多。兵火已來，精刹名藍，率例摧壞，若道士不占，亦爲勢家所有，或撤以爲薪。有何益焉？』居士曰：『聰明特達之士，必不如此。脱有爲此者，此愚人鄙夫爾。又何取焉？既號出家之人，返爲小人之事，改寺毁像，侵奪山林，所以君子責備於賢者也。此曹始居無像之院，後毁有像之寺；初奪山林之精舍，豈無冀望城郭伽藍之意乎？從遠至近，從少至多，深存奄有之智，亦所圖不淺爾。設有故墳宿冢，人愛其山崗之雄麗，林麓之秀茂，乃曰此冢我不伐則後亦有人伐，我將出其骸骨，棄諸溝壑，而瘞我之父母，較之人情，以謂如何爾？古人美六月衣羊裘而不拾遺金者，既爲道人，忍作豪奪之事乎？此曹首以修葺寺舍、救護聖像爲名，居之既久，漸毁尊像，尋改額名，大有磨滅佛教之意。其修護寺舍者，乃如此乎？果欲弘揚本教，固當選地結緣，創建宫觀，不爲道門之光乎？大丈夫竊人之宇舍，毁人之祖宗，以爲己能，何異鼠竊狗盜之作乎？因他成事，豈不羞哉！兵火之事，代有廢興，未嘗有改寺爲觀之事。渠蔑視朝廷而敢爲此不軌乎？昔林靈素託神怪詐力，見用於宋，可爲元惡大憝矣，尚未敢改寺爲觀，毁像爲道。今則此曹所爲，過靈素遠矣，豈非神明震怒而促丘公之壽乎？』『夫物速成則疾亡，晚就則善終。昔佛教西來，迄今二千餘載，明君賢相，罔不宗敬，高僧奇士，隨代而出，爲國師者，何世無之。佛圖澄後趙國師，衛道安符秦見重，羅什姚秦師仰，法果元魏家師，朗公諸國咸奉，北齊敬崇大統，隋朝重於天台，大唐老安、惠忠、北宗神秀、清涼國師、不空三藏，大遼竹國師，大金圓通善國師，如此名師，未有改道觀爲寺宇者。是以佛祖之道，根深蒂固，確乎其不可拔也。若釋得志，以奪道觀，道得權，而毁佛寺，則鬭諍之風，無日而息矣！夫國之憲章，漢唐舊政，非一代之法也，寔萬世之法也。時君世主，皆則而用之，若大匠之規矩，莫可廢也。雜律有毁像之嚴刑，敕條載禁邪之明式。今此曹毁宣聖之廟，撤釋迦之像，遊手之人，歸者如市，糊口之客，日聚共門，不分臧否，一概收之。此所謂聚逋逃之淵藪爾，會觀不攻，而自敗也。噫！林泉之士，不與物競，韜光匿迹，人猶耻之。況自專符印，抑有司之權，奪有司之民，自覽貢獻，懸牌上下，取媚人主者，豈能見容於世乎？以此證之，則乖譎不軌之事，〔一二〕人皆知之，詎待予之喋喋也。』」

蒙哥皇帝初壬子春詔，以今上皇帝征吐蕃及花馬、大理等國。上於大理國得舍利及黄金塔，高可二尺，晨夕禮奉，載以前驅。迴至六盤山，今庵主温公爲教門統攝，聚集天下名僧於清涼山，建百日勝會，享供文殊大聖，官給所需。絶瑞嘉祥，不能備紀。上道回秦川，見三教堂有以老君處中，佛却傍侍，乃謂左右曰：「老子世人中賢，其教少用，未達聖人之理，難超生死之津。共佛同坐，於理不堪；況乃僭尊，愈爲不可。」明年至日月山，俾中山府乾明寺長老志公奉旨乘驛，隨處改正，通四十九處。塑者碎之，畫者洗之，所有乖戾，並與遷革。於河中、京兆、絳州、平陽府四處立碑，旌其僞妄。

集録者曰：古稱根深果茂，源遠流長，斯言信矣！昔我法王，三無數劫，積功累德，果成道圓。然後百億世界，一時現身説法；四十九年，度脱百千萬億。梵王、帝釋，稽首傾心；外道、天魔，蹶角折膽。集萬聖於菩提場内，伏六師於跋提河邊，化緣事周，返歸蓮藏。八大國王，競分舍利；五百羅漢，結集微言。教滿人天，法流沙界，無爲之風扇矣，不言之化行焉。逮乎像季，斯文不亡。馬鳴、龍樹，纂其徽音；無著、天親，播其遺美。蜚英聲於四海，騰茂實於八方。法蘭、僧會，賫貝典而東傳；慧遠、道林，唱玄風於南國。佛圖澄掌照千里，阿目佉坐蚓群凶，衛道安注教科經，隋智者分宗立典。救生靈於塗炭，解危縛於倒懸，拔出生死之津，高置涅盤之岸。〔一三〕巍巍蕩蕩，無德而稱；焕焕融融，有生斯賴。明君外護，碩德内持，歷代帝王，仰弘聖範。所以漢明帝遣使西請，繪像翻經；晉明帝口誦金文，手圖佛像。簡明帝恒思法味，孝武帝禀受戒章，宋文帝受訓跋摩，齊武帝欽崇僧遠，梁武帝講經持戒，陳宣帝降意法筵，宣武帝廣供梵侶，齊文宣專憑佛力，〔一四〕隋文帝屈膝曇延。玄宗注般若真文，肅宗誦仁王寶典。德宗、憲宗迎舍利而供養，宣宗、懿宗復覺路以興行。梁、晉争衡，徽猷未輟；炎宋受命，付囑不忘。大遼則傾國奉佛，金朝則始終崇釋。大元啓祚，睠意法門。太祖則明詔首班，弘護兹道；太宗則試經造寺，雕補藏經；谷與罕則令僧扈從，恒誦佛經；蒙哥皇帝則供僧書經，高營寶塔。今上皇帝則飯僧建刹，造像鎔金，捨廣大之珍財，誦無上之藏教。以拔合思把爲國之師，耳目具知，非爲虛飾。莫不搆巨殿而安其像，架長廊以處其徒，味其道而澡其神，尊其人而遺其禮。非唯緝熙於帝道，乃亦協贊於皇基。返澆漓於醇源，躋黎民於壽域。家知積惡之苦，人興趣善之方。始風靡於朝廷，終波流於士女。若非至妙，安能久行？昔公孫龍，古之善堅白之者，田巴之徒，坐狙丘，議稷下，〔一五〕非三皇，滅五帝，强詞巧辨，口伏千人。而不流傳於後者，以無實道可傳也。佛生西域，教興東方，賢宰哲王，繼踵護持者，其道可法也。故大巔和尚對韓愈曰：「自漢至於今，歷代如此其久也，君臣士民如此其衆也，天地神祇如此其明也，而佛之説乃行於中，其人仰而信之，無敢議而去之。此必有以敵天地而不耻，關百聖而不慚，妙理存乎其間，然後至於此也。子盍深思之乎？」斯確論也。

今之道士，專飾詐力，夭閼他門，苟騁奸心，蔽蒙覺路。不荷國家寬恩洪溥，更恣私臆廣撰謗文。言無入聖之詮，文有亂真之誑。竊佛聖教，妄作僞書，恣其猖狂，不思顛蹶，睹法華教即云在蓮花中，見金光明便説坐火焰上。全迷至理，巧會經名，醜語似於梟鳴，暴戾過於狼噬。悖言亂德，妖詐惑人，玷辱憲章，蠹傷風化。如或不剪，惡種復滋。

仰惟今上皇帝，道協夏禹，業廣周文，紹三五之洪圖，安九五之寶位。神襟内朗，智鑒外明。有德者雖在怨而必封，無功者縱至親而決罰。明達四目，幽枉咸通；威震九服，奸邪克剪。體僧徒之實理，委道士之虚聲，具召二門，辨析宗趣。而道士欲張魚目，用奪驪珠；眩彼蹄涔，争多滄海。聊題綱目，結舌無言；試探宗源，銜璧納款。〔一六〕元戎走陳，李浩然先敗於前；裨將倒戈，張志敬緘言於後。雖梟趍而鶴列，終瓦解而土崩。摘星冠而面慚，脱霞氅而情愧。佛真道妄，於是顯焉；積歲奸凶，今朝敗露。由是雲收席捲，葉墜柯摧，猶赫日之爍纖冰，若洪爐之燎輕羽。螗蜋拒轍，豈曰堪任；蚍蜉奮威，終成齏粉。昔明帝驗真僞之情，子書咸從火化；今上辟妖邪之氣，道經並作煙灰。化胡出塞落空亡，謗道辟邪隨風散。費叔才當時憾死，李志常膽破先殂。日赴五千之威靈，於今何在；飛符起尸之神變，此際不聞。藏天隱地之勝方，了無半驗；移山掣斗之秘術，莫顯微徵。笑倒閭巷之庸夫，羞愧隨鸞之會首。一場出醜，千載難磨。雖巧言之如簧，終貽顔之厚矣。故得聖上回睠，朝臣改觀，佛日於是再懸，法雲由兹廣被。廓清寰宇，大扇慈風，剪邪見之稠林，闡法王之正路。歡呼帝苑，舞蹈閭閻，盛德孔昭，嘉聲遐暢矣。

嗚呼！太虚凈而迷雲起，大聖生而外道興。異學亂真，自古而有，非汝諍論，那顯我宗。以汝不平，起我不平；汝道若平，則我自平爾。正道如海，汝能堰乎；〔一七〕正道如空，汝能滅乎？仰面唾天，只自污首，徒興拘辨，於汝何補哉！不勝舞蹈，謹申贊曰：

覺皇利見，龍興五天。教唯入善，宗本忘筌。
聖哲欽依，愚夫大笑。道不絕倫，匪爲要妙。
異道凶頑，瀆聖無禮。明主難惑，片言可折。
邪難扶正，僞不掩真。魔雲永滅，佛日長春。
聖壽萬年，英聲千古。熙帝之載，享天之禄。
大海有竭，虛空可量。弘規雅範，永遠無疆。
偉法王之鴻烈，邁今古而獨高。
廓五乘而圍範，運六通而遊遨。
坦八正之達路，蘊十智之鈐韜。
跨四大而超步，冠百氏之雄豪。
據大千之疆域，濟四生之劬勞。

慈風軼於麟趾，仁化逾於鵲巢。
侔陰陽之蓋載，等造化之甄陶。
智者知而欽慕，愚者迷而遠逃。
嗟聖運之澆季，慨正道之生蒿。
嘉吾皇之聰睿，明鑒察於秋毫。
哂全真之爲僞，欲桀犬而吠堯。
曾一言之未整，咸脱氅而去袍。
喬山壓於春卯，洪爐燎於羽毛。
蕩魔雲於八表，歘佛日於九皋。
至道鬱而復闡，真乘軸而再膏。
美斯文之未喪，播盛德於旌毛。

對道士持論師德一十七名：

燕京　圓福寺長老從超　奉福寺長老德亨

藥師院長老從倫　法寶寺長老圓胤
資聖寺統攝至温　大名府長老明津
薊州　甘泉山長老本璡　上方長老道雲
灤州　開覺寺長老祥邁
北京　傳教寺講主了詢
大名府　法華寺講主慶規
龍門縣　抗講主行育
大都　延壽寺講主道壽　仰山寺律主相叡
資福寺講主善朗
絳州　唯識講主祖珪　蜀川講主元一

持論道士落髮者一十七名：
大都天長觀一十二名：
道録樊志應　道判魏志陽　提點霍志融

講師周志立　講師周志全　講師張志柔
講師李志和　講師衛志益　講師張志真
講師申志貞　講師郭擇善　待詔馬志寧
真定府神霄宫講師趙志修
西京開元觀講師張志明
平陽路玄都觀講師李志全
代陽勝寧觀講師石永玉
撫州龍興觀主于志申
薛道録並道士李掌祭暗中在逃，餘者一十七名。先是，童謠有云「十七换頭」，至是驗矣。

後詩曰：

可笑全真説化胡，洎乎論議盡成虚。
詞窮理盡抛冠鼈，負墮頭傾剃髮鬚。
暮禮佛名慚接和，晨參僧衆謾長嘘。

自從漢代燒經後，耻道爲僧兩遍輸。

其二

全真論議口如緘，納款爲僧别老聃。
昨日擎拳猶稽首，今朝合掌便和南。
七星冠帔纔拋却，三事衣盂尚未諳。
自做這場千古笑，丘劉雖死也應慚。

校勘記

〔一〕亦被道士都當面偷了　「都」，元單刻本無，北藏本、徑山藏本作「每」。

〔二〕這般言語彼史記道來　「史記」，原作「史」，元單刻本同，北藏本、徑山藏本作「史記」，與前文「彼史記又言」相呼應，據改。

〔三〕普令曉喻　「喻」，元單刻本、北藏本作「諭」。

〔四〕不出有無之域　「域」，原作「或」，據元單刻本、北藏本改。

〔五〕智慚螺測　「測」，原作「側」，據元單刻本、北藏本、徑山藏本、大正藏本改。

〔六〕義當名符者　「名符」，原作「符名」，元單刻本同。北藏本、徑山藏本作「名符」，與「義當」對仗，是，據改。

〔七〕並開行印板　「開」，元單刻本同，北藏本、徑山藏本作「刋」。

〔八〕「今築土臺」以下，與前面夾注小字一樣的公文口氣，似應同作夾注處理。

〔九〕恣掘強而狂言　「掘」，元單刻本同，北藏本、大正藏本作「倔」。

〔一〇〕寇謙身亦早卒　「寇」，原作「冦」，據元單刻本、北藏本改。

〔一一〕占釋氏之膏腴　「占」，原作「古」，據元單刻本、南藏本、北藏本、徑山藏本改。

〔一二〕則乖譎不軌之事　「譎」，原作「潏」，據元單刻本、北藏本、徑山藏本改。

〔一三〕高置涅盤之岸　「涅盤」，元單刻本、北藏本、大正藏本作「涅槃」，通常亦作「涅槃」。

〔一四〕齊文宣專憑佛力　「宣」，原作「昌」，元單刻本、北藏本同，今據此處陳述内容及一般文史知識改。

〔一五〕坐狙丘議稷下　原作「坐租丘，議稷夏」，元單刻本同。按田巴之事，史記卷八十三魯仲連鄒陽列傳正義引魯仲連子曰：「齊辯士田巴，服狙丘，議稷下，毀五帝，罪三王，服五伯，離堅白，合同異，一日服千人。」（中華書局校点本，第二四五九頁。）據改。

〔一六〕銜璧納款　「璧」，原作「壁」，元單刻本同，據北藏本改。

〔一七〕汝能堰乎　「堰」，原作「偃」，元單刻本同，據北藏本、大正藏本改。

卷五

聖旨焚毀諸路僞道藏經之碑

翰林院臣唐方、楊文郁、王構、李謙、閻復、李濤、王磐等奉敕撰

至元二十一年三月日，詔遣資德大夫、總制院使兼領都功德使司事相哥諭翰林院：戊午年僧道持論，及至元十八年十月二十日焚毀道藏僞經始末，可書其事於後。臣磐等謹按釋教總統合台薩哩所録事迹：

昔在憲宗皇帝朝，道家者流出一書曰老君化胡成佛經及八十一化圖，鏤板本傳四方。其言淺陋誕妄，意在輕蔑釋教而自重其教。罽賓大師蘭麻、總統少林福裕以其事奏聞。時上居潛邸，憲宗有旨，令僧道二家詣上所辨析。二家自約，道勝則僧冠首而爲道，僧勝則道削髮而爲僧。僧問道曰：「汝書謂化胡成佛經，且佛是何義？」道對曰：「佛者覺也，覺天覺地、覺陰覺陽、覺仁覺義之謂也。」僧曰：「是殆不然。所謂覺者，自覺、覺

他、覺行圓滿。三覺圓明，故號佛陀。豈特覺天地、陰陽、仁義而已哉！」上謂侍臣曰：「吾亦心知仁義乃孔子之語，謂佛覺仁覺義，其説非也。」道者又持史記諸書以進，欲以多説，僥倖取勝。帝師辨的達八合思八曰：「此謂何書？」曰：「前代帝王之書。」上曰：「今持論教法，何用攀援前代帝王？」帝師曰：「我天竺亦有史記，汝聞之乎？」對曰：「未也。」帝師曰：「我爲汝説。天竺頻婆娑羅王贊佛功德，有曰：『天上天下無如佛，十方世界亦無比。世間所有我盡見，一切無有如佛者。』當其説是語時，老子安在？」道不能對。帝師又問：「汝史記有化胡之説否？」曰：「無。」「然則老子所傳何經？」曰：「道德經。」「此外更有何經？」曰：「無。」帝師曰：「道德經中有化胡事否？」曰：「無。」帝師曰：「史記中既無，道德經中又不載，其爲僞妄明矣。」道者辭屈。尚書姚樞曰：「道者負矣。」上命如約行罰，遣使臣脱懽將道者樊志應等十有七人，〔一〕詣龍光寺削髮爲僧；焚僞經四十五部；天下佛寺爲道流所據者二百三十七區，至是悉命歸之。

道教提點甘志泉所居吉祥院其一也，據而不與。至元十七年夏四月，僧人復爲徵理長春道流謀害僧録廣淵，聚徒持捉，毆擊僧衆，自焚廩舍，誣廣淵遣僧人縱火，且聲言焚米三千九百餘石，他物稱是。事達中書省，辨其誣，甘志泉、王志真款伏。〔二〕詔遣樞密副使孛羅及諸大臣覆按，無異辭。志泉、志真就誅，劓刖流竄者凡十人。仍徵所聲言米物，如其數歸之僧衆。

會有道家僞經尚存爲言者，聞諸皇太子。十八年九月，都功德司脱因小演赤奏言：「往年所焚道家僞經板本化圖，多隱匿未毀。其道藏諸書，類皆詆毀釋教，剽竊佛語，宜加甄別。」於是命樞密副使與前中書省左丞文謙、秘書監友直、釋教總統合台薩哩、太常卿忽都于思、中書省客省使都魯、在京僧録司教禪諸僧及臣等，詣長春宮無極殿，偕正一天師張宗演，〔三〕全真掌教祁志誠，〔四〕大道掌教李德和、杜福春，暨諸道流，考證真僞。翻閲兼旬，雖卷帙數千，究其本末，惟道德二篇爲老子所著，餘悉漢張道陵、後魏寇謙之、唐吴筠、杜光庭，宋王欽若輩撰造演説，鑿空架虚，罔有根據。詆毀釋教，以妄自尊崇。復愛慕其言，而竊爲己有。假陰陽、術數，以示其奥；裒諸子、醫藥，〔五〕以誇其博。往往改易名號，傳注訛舛，失其本真。又所載符咒，妄謂佩之，令人商賈倍利，子嗣蕃息，伉儷和如鴛鴦之有偶，將以媒淫辭而規財賄。至有教人非妄佩符在臂，則男爲君相，女爲后妃，入水不溺，入火不焚，刀劍不能傷害之語。其僞妄駁雜如此。留之，徒以誑惑愚俗。自道德經外，宜悉焚去。臣等同辭以聞。」上曰：「道家經文，傳訛踵謬，非一日矣。若遽焚之，其徒未必心服。彼言水火不能焚溺，可姑以是端試之，俟其不驗，焚之未晚也。」遂命樞密副使孛羅、守司徒和禮霍孫等諭張宗演、祁志誠、李德和、杜福春等，俾各推擇一人，佩符入火，自試其術。四人者奏言：「此皆誕妄之説，臣等入火，必爲灰燼，實不敢試。但乞焚去道藏，庶幾湔雪臣等。」上可其奏。遂詔諭天下：「道家諸經，可留道德二篇，其餘文字及板本化圖，一切焚毁。隱匿者罪之。民間刊布諸子、醫藥等書，不在禁限。今後道家者流，其一遵老子之法。如嗜佛者，削髮爲僧；不願爲僧道者，聽其爲民。」乃以十月壬子，集百官于憫忠寺，盡焚道藏僞經雜書。遣使諸路，俾遵行之。

臣磐等聞：老氏之爲道也，以清净爲宗，無爲爲本，謙沖以處己，損抑以下人，非有貪欲好勝之事。厥後枝分派列，徒屬寖盛，襲訛成僞，誇誕百出。清净一變而爲污穢，無爲一變無所不爲。如漢之文成、五利，致身求僊，恍惚誕幻，帛書飯牛之詐，黄金可成之妄，一旦敗露，爲武帝所誅。三張之徒，以鬼道惑衆，倡亂天下，爲皇甫嵩、曹魏所滅。宋王仔昔，居上清寶籙宫，與女冠爲奸，林靈素自稱神霄紫府僊卿，禳大水不驗，並爲徽宗誅竄而死。迨今末年，復有麻被先生、鐵笠李二人，以奸謀秘計，出入時貴之門，肆爲淫污之行，咸受顯戮。歷代以來，若此之類，不可勝數。追惟禍亂之源，奸宄之本，率皆假符籙以神其教，託僞經以警其俗。横肆巧誣，倡爲詭狀，詆毀聖教，寇攘内典。固已悖老氏不争不盜之禁矣。及陷刑辟，皆孽子自内作慝，將誰咎哉！

且夫釋氏之教，宏闊勝大，非他教所擬倫。歷百千世，聖帝明王，莫不尊崇。東冒扶桑，西極昧谷，冰天桂海，山河大地，昆蟲草木，胎卵濕化，有情無情，百千萬類，皆依佛蔭，生息動止於天地之間。故天上天下，惟佛爲尊，超出乎有生之表，歸極乎無碍之真。智周三界，神妙諸方；澤及大千，功用不宰。其大有如此者！慈航所至，無溺不援；法雨所霑，有生皆潤。憫世人之沉淪幻海，顛覆迷津，展轉多生，流連累劫，將使之脱凡企聖，蠲弊崇真。故神光破沉晦之門，大覺指無生之路。其仁有如此！何意狂謀，輒形娼忌，[六]雖積毁銷骨，衆煦漂山，法體圓成，初無小玷。譬如盲人之毁日月，何傷日月之明；井蛙之小河海，奚損河海之大。多見其不知量也！

欽惟聖天子識超四諦，道慕三乘，參無象之真空，傳法王之心印。所以尊崇之禮，皈向之誠，矯百僞以從真，黜群邪而歸正，有不容不嚴者焉。況乎筆墨勸婬，妖術誤世，恣爲欺誑，鼓蕩群愚？若不大爲改革，則邪説肆行，枉道惑衆，其如天下後世何？凡天下之理，有善有惡，有正有邪，有真有僞。常混然而同處，雜然而並行。自非禀上聖之資，誕生知之性，智出庶物，明照群情，則紅紫之亂朱，洼淫之變雅，是孰得而辯明之哉！由是言之，聖天子匡濟真圖、翼扶大法之功至矣！概諸聖不可有加矣！于以鑿含靈之耳目，開正途之荒穢，使般若之光，永乎無際劫，遍滿恒河沙界。延洪聖壽於無疆，衍緜儲君之福利，鼎祚於億萬年之久者。庸有既乎！是可述也！臣磐等敬爲之書，以貽後人，俾爲老氏之學者，有所警焉！

至元二十一年三月　日。

至元十七年六月中書省告示碑

皇帝聖旨裏：

中書省近據長春宫先生王志真等告：奉福寺淵僧録使令小和尚馬戒顯放火燒訖本宫倉庫房舍，及盛放米糧三千九百余石，並油麵鹽粉。公事歸問得當，始元係是甘提點教道馬戒顯，交指著淵僧録使令放火。王志真使令馮道童將馬戒顯作放火賊人捉拿，及詐作知宫名字馮道童，教唆語言告狀人。又問得元告，糧食不曾燒訖。却指此爲名，於諸人處要訖施利錢物。取其各各招伏。

六月二十二日，有孛羅副樞，張平章，張右丞，焦尚書，耿參政，脱因、脱里、阿里尚書等官員，欽奉聖旨節該：「先生與和尚争奪的觀院，其間聚著五百個來先生把著棍棒打和尚每來，他每教法裏不行胡做呵，那裏有那般體例。前京兆府地面裏王祖師庵頭聚著人衆，生歹心來。如今這先生每又那般胡行有，這先生每明白招來了上頭。爲頭兒底殺了兩個也，别個的割了耳朵、鼻子的割了也，别個的打了也，其餘的交做了軍也。這般斷了也。」欽此。

除今將斷訖人數開具下項，及將提點甘志泉首級於本宮門首杆子上常川懸掛，合行立石曉諭者。

正典刑二名：教令虚指淵僧録放火犯人提點甘志泉、虚拿馬戒顯放火賊人知宫王志真。割耳朵、鼻子一名：添寫狀情節人提點蔡志祥。流於邊遠六名：聚衆行凶人殷鶴童、陳道廣，上都先告狀人王志玉、陳志用，寫狀檢人蘭德義，虚報燒訖糧食人李德禎。斷放三人：使令王志真告狀人提點蔡志希，同告狀人副宫周道旋、賈志柔。

右示諸人通知。

至元十七年六月　日立石。

至元十八年十月二十日舉火文

聖旨：「就大都大憫忠寺焚燒道藏僞經，除道德經外，盡行燒毀。」遂命拈香、舉火、謝恩畢。

拈香云：「佛心天子愍衆生，恐墮三塗邪見坑。個裏了無偏黨處，就中朱紫要分明。所以道：聖鑒無私，天機莫測。既來頌德，敢不酬恩。此香端爲祝延大元世主當今皇帝聖躬萬歲萬歲萬萬歲。伏願金輪與法輪同轉，福越三祇；舜日共佛日齊明，壽延億劫。」

次舉火云：「憶昔當年明帝時，曾憑烈焰辨妍媸。大元天子續洪範，顯正摧邪誰不知。嗟乎！道教陰蠹佛書，自古至今，造訛捏僞，盜竊釋經言句，圖謀貝葉題名。謗毀如來，贜誣先聖。醜辭惡語，何可言哉；無蒂狂談，實難遍舉。始自張陵杜撰，不遵老氏玄言。謬作醮書，兼集靈寶；詐道從空，而得妄言。太上親傳，用三張鬼法以誑惑愚夫，設五運神符而魘奸匹婦。以此觀之，葛孝先徒搜要妙，陶弘景謾述浮辭。〔七〕杜光庭白拈巧偷，劫賊無異；陸修静外好裏弱，説客何殊。若非喫苦不甘，爭肯説長道短。鮑静被誅猶可，王浮招報非輕。傅奕、姜斌，不堪齒録；張生焦輩，〔八〕何足言論。寇謙之口舌瀾翻，損他利己；林靈素機謀諂詐，敗國亡家。毀人祖兮定遭一時之辱，滅賢良兮必招三世之殃。因果無差，報應有準。嗚呼！悲法琳不遇而遭貶，嗟道世雖再而難爲。致令釋子傷心，幸得皇天開眼。恭惟我大元世主聖明皇帝陛下，闢邪歸正，去僞存真。恐衆生永墮迷津，令萬姓咸登覺路。雪冤已竟，感謝皇恩；粉骨碎身，莫能酬報。」

遂以火炬打一圓相云：「諸人者只如三洞靈文，〔九〕還能證此火光三昧也無？若也於斯會得，家有北斗經，枉教人口不安寧。其或未然，從此灰飛煙滅。後任伊到處覔天尊，急著眼看。」

至元十八年十月二十日。

大都報恩禪寺林泉倫吉祥長老奉敕下火。

虚鐘受扣集

如意長老奉詔撰

如意答石介怪記

宋石介字守道，作怪説誣謗佛老，眯他耳目，通人不惑，但誑愚夫爾。乃曰：「中國，聖人之所治也，四民之常居也，衣冠之所聚也。而釋氏髡髮左衽，不士不農，爲夷者半中國，可怪也！夫中國道德之所治，禮樂之所施，五常之所被，而汗漫不經之教行，妖誕幻惑之所滿。真可怪也！」又云：「人君見一日蝕，一星殞，風雨不時，草木不植，則爲天地之怪也。彼其滅君臣之道，絶父子之親，棄道德，悖禮樂，裂五常，移四民，毁中國之衣冠，去祖宗之祀祭，反不知爲怪而更奉焉。時人見一狐媚，一梟鳴，野鵲噪，草雉入，人以爲怪。而離父子，習夷鬼，千有餘年，反不爲怪乎？」

余答之曰：「夫好同惡異，人之常情。不達道之淵源，而辨像服之異，是知石而不知玉爾。〔一〇〕夫聖人出世，利濟尤深，根器不同，設教亦異。或明域中之訓，則説五乘；或闡象外之風，獨標一極。破自然而談因果，緣會而生；爲滯有而演真空，諸法無性。應病設藥，故有多方；究竟歸宗，不存一法。而頑夫愚俗，浪鼓口舌，不達是非，妄興辨論。而不思所同者道，所異者服。且孔子所談仁義者，佛家所謂慈愛也；老子所稱玄妙者，佛家所謂空寂也。至理不殊，於文小變。且夫禹入裸國，脱去衣冠，順其俗也；太伯奔吴，文身斷髮，合其儀也。豈爲怪乎？變俗以爲會其道，故捨君臣華服，非悖禮也；捐親以爲棄其累，故亡妻子之情，非慢俗也。子陵抗禮於光武，愈見尊嚴；逸民不事於王侯，高尚其志。不明其本，謬斥以夷，亦猶楚靈詬天，天何怒哉？子貢譽天，天何喜哉？喜怒不涉，而詬譽自辱。夫聖人在天，不求於世，但留典教，匝布神洲。〔一〕不言之化自行，無爲之風自靡。星羅梵刹，棋布伽藍，設像安人，獻花酌水。王侯禮重，士庶欽崇，苟無大功，孰肯崇奉？且夫自漢至今，歷年如此其多也，君臣士民如此其衆也，天地神明如此其靈也。其可欺乎？決不誣矣。大凡爲人之道，力量自知。石介但以書生，智同芥子，將己不達，妄毁聖人。同尺鷃之笑鯤鵬，〔二〕似朝菌之輕松栢。類乎魏文火浣，〔三〕入火愈鮮；昆吾之劍，切玉轉利。豈可不睹，便責爲謬乎？石介之智，比孫綽而小焉；石介之才，比昭明而淺矣；石介之論，比王通而難鄰；石介之文，比柳子而罕及；石介之位，望魏徵而地天；石介之學，校蘇軾而涔海；石介之議，連陸贄而狗麟；石介之詩，攀杜甫而金鐵。上之君子，悉皆信佛，汝之材量，孰不勝之？而妄意貶駁，訕斥大聖。佛如日月也，疇可愈焉？昔田巴强辯，勝人之口，不伏人之心。口毁三皇，坐非五帝。至今聞之，人猶切齒。况佛六通懸鑒，萬古無敵！而妒聖嫉賢，奴唇婢舌，恣出其口，多見其不知量也。

六帖中載虞世南飯千僧手疏，則曰：『弟子虞世南稽首和南十方三寶。弟子早年嘗遇重病，即時運心，願託佛力，差愈之日，奉設千僧齋。今謹於道場，飯供百僧蔬會。以斯願力，希世世生生，常無病惱，並及七世父母，六道怨親，並同今願。』又閲帝紀，得世南史論辨，周武帝宇文邕建德三年普滅佛道二教之事，〔一四〕問者曰：『邕廢二教，是耶非耶？』〔一五〕先生曰：『非也，請與論之。釋氏之法，空有不滯，人我兼忘，絶生死之根，去大患之累，榮利無嬰，歸於寂滅。此象外之談也。老子之義，則谷神不死，玄牝長存，徼妙同玄，騰龍駕鶴，此域中之教也。至於勝殘去殺，止競尚仁，並有益於王化，無乖越於典謨。縱人有虧，於法何黜？今以僧徒犯律，道士違經，便謂其教可捐，其道可絶，何異責檮杌而廢堯，怨有苗而黜禹？見瓠子之泛濫，遽塞河源；睹崑嶽之方炎，即投金鐩。曾不思潤下之德，利濟尤深；變腥之用，其功甚博。井蛙觀海，多自不知；蜩鳩翔榆，耻逢鵬翼。局於小量，暗於大方，輪迴長夜之迷，自貽沉溺之苦。疑誤後人，良可痛哉！』余讀此文，乃知世南真奇人也。唐太宗嘗稱世南有四絶，一曰德行，二曰忠信，三曰文章，四曰筆札。夫有異行者必有異能，有異能者必有異才。觀世南之爲人也，事君忠厚，與友直諒，德高物表，學盡天人。窮釋老之幽宗，達聖人之玄趣。字高一代，行貫四科。登翰苑之瀛洲，擅文場之綺席。信佛篤敬，尊奉釋僧，師襄陽林公，爲金蘭之契。豈與韓愈、石介，倔强求名，坐井觀天，瞽言非聖，不入通人之論，濫厠豎儒之流。下愚不移，斯言效矣。」

聖旨特建釋迦舍利靈通之塔碑文

如意長老奉敕撰

蓋聞三祇煉行，證真淨之法身；六度修因，果圓融之妙覺。無生無滅，絕三際之去來；不晦不明，離百非之朕迹。但以真慈易物，昔願今酬。鳳翥迦維，龍飛道樹。無相見相，頓彰百億之身；常名非名，普應大千之界。破十軍於座上，聲振於九天；會諸聖於覺場，光流於萬國。御三輪而赴感，遐邇咸周；懸四辯以談詮，聖凡總被。教闡一十二部，門開八萬四千。蘊十智之韜鈐，知來藏往；運六通之神鑒，洞古披今。綰十號以稱尊，跨三界而獨步。智窮真際，十聖慶獲於朝聞；妙極重玄，六師甘欣於夕死。拔火宅之熱惱，引解脱之清涼。無勞傳説之霖，濟四生於六道；非假曦和之照，蕩七趣於重昏。慈雲蔭有頂之天，法雨潤無疆之域。萬靈翊衛，若衆星之拱北辰；五印傾心，類百川之宗東海。豈止孕虞育夏，甄殷陶周；實乃彈壓九流，牢籠萬彙。縱周公之制禮作樂，仲尼之贊易修書，莊老之談玄，軻雄之論道，張華之博物，輔嗣之通微，郭璞之多聞，左慈之神化，舒向金玉淵海，馬班黼黻河漢，並驅馳於域内，言未達於大方。宜爲治世之高賢，難作出塵之教主。若非理包象外，道越寰中，蔽群聖而不慚，冠百家而拔萃，何能總斯衆妙，集此大成者哉！

逮乎化緣將謝，顧命殷勤，正法付於阿難，心印傳於迦葉。然後拂衣雙樹，脱屣金河，超二死之樊籠，湛三默之圓寂。然而大慈不吝，利物情深，粉金剛不壞之身，留舍利通靈之骨。色含明玉，堅侔真金。龍王天帝，各分建於自宫；印度閻浮，競崇興於寶塔。百年之後，敬奉彌隆。有阿育輪王，統攝贍部，廣樹露塔，八萬四千。從此神迹遍於五天，聖化覃於四海。洎乎漢明夜夢，聲教昭宣，譯梵貝於蘭臺室中，繪金容於顯節陵上。始波騰於帝紀，終風靡於閭閻。由是吴王創起於建初，隋主盛興於京洛。皇都帝邑，棋布伽藍；沃野名山，星陳窣睹。莫不金盤耀日，與仙掌以相高；寶鐸摇風，雜天音而共響。層簷偃蹇，上軼於太清；〔一六〕疊栱駢羅，傍迴於日月。丹楹雁列，紺瓦鴛分，金龍蚴蟉於華梁，玉鳳翱翔於繡户。忽若龍宫之化出，恍疑天上之移來。斯皆發自於信心，非是誘惑而妄作。

我大元之有天下也，宗堯祖舜，踵禹基湯。聖道協於金輪，明德光於玉曆，應乾革命，有此武功。英聲震於百蠻，威棱加於萬國，八荒入貢，九服來賓。纂四聖之丕圖，膺千載之期運，規億兆之遠度，恢弈世之宏綱。〔一七〕緯武經文，制禮作樂，建都定鼎，樹闕營宫。以爲非巨麗無以顯尊嚴，非雄壯無以威天下，遂乃闢閶闔，搆元殿，興傑閣，架紫宸，飾以丹青，縟以綺繢。金題玉碣，上下交輝；藻棁雕梁，縱横散彩。行商容之洪範，列步武之威儀。陳鐘鼓以燕王侯，會百僚而朝萬國。將將濟濟，穆穆煌煌，〔一八〕真天子之盛禮也。聽政之暇，留意佛門，遵祖宗之舊章，行寬仁之温詔。凡是佛子，悉獲肅安，屢召名僧，講論玄奧。誠心佛法，誦百藏之金文；探賾未聞，聆三乘之妙義。恒慮新都既建，宜卜永年，以福爲基，莫如起塔。冀神龍之扶護，資社稷之久長。即於都城坤隅，禁苑之内，箕踵漫衍，塽塏寬平，磨玉礲珉，樹斯寶塔。

初舊都通玄關北有永安寺，殿堂廢盡，惟塔存焉。觀其名額：「釋迦舍利之塔。」考其石刻：「大遼壽昌二年三月十五日，顯密圓通法師道殿之所造也。〔一九〕内有舍利戒珠二十粒，香泥小塔二千，無垢浄光等陀羅尼經五部，水晶爲軸。」因罹兵火，荒涼蕪没，每於浄夜，屢放神光。近居驚惶，疑爲失火，即而仰視，煙焰却無。乃知舍利威靈，人始禮敬。

奉御禿列奏其祥瑞，上聞而信之，欲增巨麗，俾開舊塔。發而詳視，果有香泥小塔。下啓石函，中有鐵塔。内貯銅瓶，香水盈滿，皎然鮮白，色如玉漿。舍利堅圓，燦若金粟。前二龍王，跪而守護。案上五經，宛然無損。金珠七寶，異果十種，列而供養。瓶底獲一錢，上鑄「至元通寶」四字。乃知聖人制法，預定冥中，待時呈顯，開乎天意。即至元八年三月二十五日，帝后閲之，愈加崇重。即迎其舍利，立斯寶塔。取軍持之像，標馱都之儀，妙礬奇功，深窮剞劂。瓊瑶上釦，碱砆下成，表法設模，座鍐禽獸，角垂玉杵，階布石欄。簷掛花鬘，身絡珠網，珍鐸迎風而韻響，金盤向日而光輝。亭亭高聳，遥映於紫宮；岌岌孤危，上陵於碧落。制度之巧，古今罕有。

爰有國師益鄰真者，西番人也，聰明神解，器局淵深。顯教密教，無不通融；大乘小乘，悉皆朗悟。勝緣符會，德簡帝心。每念皇家信佛，建此靈勳，益國安民，須憑神咒。乃依密教，排布莊嚴，〔二〇〕安置如來，身語意業，上下周匝，條貫有倫。第一身所依者。先於塔底，鋪設石函，刻五方佛，白玉石像，隨立陳列。傍安八大鬼王、八鬼母輪，並其形像，用固其下。次於須彌石座之上，鏤護法諸神、主財寶天、八大天神、八大梵王、四王、九曜，及護十方天龍之像。後於瓶身，安置圖印諸聖圖像，即十方諸佛、三世調御般若佛母、大白傘蓋佛、尊勝無垢浄光摩利支天、金剛摧碎不空罥索不動尊明王、金剛手菩薩、文殊、觀音，甲乙環布。第二語所依陀羅尼者。即佛頂無垢、秘密寶篋、菩提場莊嚴、迦囉沙拔尼、幢頂嚴軍、廣博樓閣、三記句咒、般若心經、諸法因緣生偈，如是等百餘大經，一一各造百千餘部，夾盛鐵錮，嚴整鋪累。第三意所依事者。瓶身之外，琢五方佛，表法標顯，東方單杵，南方寶珠，西方蓮花，北方交杵。四維間厠四大天母所執器物。又取西方佛成道處金剛座下黄膩真土，及此方東西五臺、岱嶽名山聖迹處土，龍腦、沉、箋、紫白旃檀、蘇合、骨金等香，〔二二〕金、銀、珠璣、珊瑚七寶，共搗香泥，造小香塔一千八個。又以安息、金顏、白膠、熏陸、都梁、甘松等香，和雜香泥，印造小香塔一十三萬。並置塔中，宛如三寶，常住不滅。則神功聖德，空界難量；護國佑民，於斯有在。

竊論古今賢哲，但載空名，校其靈蹤，杳然無迹。黄帝喬山之冢，謾葬衣冠；虞舜蒼梧之陵，空委韶樂。伏犧但存於八卦，文命唯設於九疇。奚聞不朽之真，詎見剛貞之骨？豈若牟尼舍利，神化無方，煉而愈精，鎚而愈固，金堅玉潤，歷古恒傳。聖帝明王，累朝欽奉。故唐太宗皇帝有贊云：

功成積劫印紋端，不是南山得恐難。
眼睹數重金色潤，手擎一片玉光寒。
煉時百火精神透，藏處千年瑩彩完。
定果熏修真秘密，信心莫作等閑看。

又宋仁宗皇帝贊鳳翔法門寺舍利塔偈曰：

金骨靈牙體可誇，毫光一道透雲霞。
歷代君王曾供養，累朝天子獻香花。
鐵鎚任打徒勞力，百火焚燒色轉加。
年年只聞開舍利，何曾頂戴老君牙。

宋仁宗皇帝觀禮舍利述偈贊云：

三皇搶質皆歸土，五帝潛形已化塵。
夫子域中誇是聖，老聃世上亦言真。
埋軀祇見空遺冢，〔三〕何處將身示後人。
惟有吾師金骨在，曾經百煉色常新。

察此至言，可爲龜鑒。按龍樹菩薩智度論云：「如來舍利，濟物將終。變作輪王，如意寶珠。猶與群生，爲大利益。」則真靈不歇，福世何窮。今天子不忘付囑之言，恒存外護之意，篤信佛理，食息匪移。凡殿宇新成，必召僧焚講；新都適就，先創斯塔。託佛力之加祐，冀寶祚之永長；保大業之隆昌，享天禄於遐載。懼陵遷而谷變，恐鴻烈而弗傳，爰詔末釋，發揮斯道。余才非琳遠，學愧生融。勉力摛毫，乏曹娥之八字；竭情抒思，勞楊雄之五神。欽吾皇弘贊之心，嘉舍利重光之美。手舞足蹈，謹繫銘言：

金藏雲垂，玉蕊花芳。妙哉賢劫，千佛表祥。
聖祖能仁，第四出世。雲起陀天，風翔迦衛。

天孳寳蓋，龍吐金盆。東西獨步，上下稱尊。
道成摩竭，智滿覺場。青蓮出水，皓月騰光。
聲遍塵方，法周沙界。無爲而化，不言而會。
剖塵中經，指衣内寳。迷者知歸，愚者懷道。
教設三乘，本爲一實。大事一周，歸神常寂。
戒定熏修，廣流舍利。福庇人天，恩沾動植。
初興西竺，後播東州。龍宫帝闕，禮供無休。
僧會感靈，吴邦首建。魏后真誠，永寧大闡。
欽惟我皇，睠懷正道。牆壍佛門，匡弼法寳。
築此金城，營斯玉塔。楚壁迴環，燕珉周匝。
綿聯珠網，交絡華纓。光生帝苑，壯觀王城。
簷傾遠岫，户映喬林。松風颯颯，桂魄沉沉。
至元統號，聖意難量。塔中顯出，方見其祥。
惟兹神造，福我帝居。與天同久，萬古不渝。

校勘記

〔一〕遣使臣脱懽將道者樊志應等十有七人　「道」字原無，元單刻本同，據文意增。

〔二〕甘志泉王志真款伏　「款」，原作「疑」，元單刻本同，據北藏本改。

〔三〕偕正一天師張宗演　「正」，原作「下」，據元單刻本、南藏本、北藏本、徑山藏本改。

〔四〕全真掌教祁志誠　「祁」，原作「祈」，元單刻本同，據北藏本、大正藏本及前後文所見改。

〔五〕哀諸子醫藥　「哀」，原作「哀」，元單刻本同，據北藏本、徑山藏本改。

〔六〕輒形娼忌　「娼」，元單刻本同，南藏本、徑山藏本作「媢」。

〔七〕陶弘景謾述浮辭　「弘」，原作「洪」，元單刻本同，據北藏本改。

〔八〕張生焦輩　「焦」，元單刻本同，徑山藏本作「集」。

〔九〕諸人者只如三洞靈文　「人」，原作「仁」，元單刻本同，據大正藏本改。

〔一〇〕是知石而不知玉爾　「玉」，原作「王」，讀作「玉」，元單刻本、南藏本、北藏本、徑山藏本作「玉」，據改。

〔一一〕匝布神洲　「洲」，元單刻本同，北藏本、大正藏本作「州」，通常作「州」。

〔一二〕同尺鷃之笑鯤鵬　「尺」，元單刻本同，北藏本、徑山藏本、大正藏本作「斥」。

〔一三〕類乎魏文火浣　「浣」，原作「院」，元單刻本同，南藏本作「琓」，北藏本、徑山藏本、大正藏本作「浣」，据徑山藏本、大正藏本改。

〔一四〕周武帝宇文邕建德三年普滅佛道二教之事　「普」，原作「晉」，元單刻本同，據文意改。集古今佛道論衡載：

「至建德三年歲在甲午五月十七日，遂普滅佛道二宗。」（〔唐〕道宣撰，劉林魁校注：集古今佛道論衡校注卷乙周高祖武皇帝將滅佛法安法師上論事，中華書局，二〇一八年，第一一二頁。）

〔一五〕是耶非耶　前一「耶」字，原爲空白，元單刻本、北藏本、徑山藏本作「耶」，據補。

〔一六〕上軼於太清　「太」，原作「大」，讀作「太」，元單刻本作「太」，現據元單刻本改。

〔一七〕恢弈世之宏綱　「弈」，元單刻本作「奕」。

〔一八〕穆穆煌煌　「煌煌」，原作「煌皇」，據元單刻本、南藏本、徑山藏本改。

〔一九〕顯密圓通法師道殿之所造也　「殿」，北藏本作「殿」。

〔二〇〕排布莊嚴　「莊」，原作「裝」，據北藏本改。

〔二一〕龍腦沉箋紫白旃檀蘇合骨金等香　「骨」，元單刻本同，北藏本、徑山藏本、大正藏本作「鬱」。

〔二二〕埋軀祇見空遺冢　「埋」，原作「理」，據元單刻本、南藏本、北藏本、徑山藏本改。

大元至元辨僞録索引

説明：

（一）本索引係針對大元至元辨僞録一書中的人名、地名、書名（篇章名、文章名）等專有名詞所作索引，不包括朝代名、年號名等名詞。

（二）本索引分爲人名索引、地名索引、寺觀名索引、書名索引四類，分别按照拼音排序。其中人名包括少量神佛名，地名包括少量非現實地名。而地名索引不包括寺觀名，寺觀名索引則包括少量寺觀中的院落名或建築物名。

（三）大元至元辨僞録所用大量人名、地名、寺觀名、書名係簡稱，不少人名也以字號等來稱呼，凡此皆盡量注出其全名或常用名，使用括號括注在後，並在人名地名前加一“＝”符號。一些非漢文名詞的漢字譯名，全書並不統一，也用此法注明；一些較少見的譯名，則注明常見的譯名，也用此法注明。

（四）大多數寺觀名可知所在大地名，不少僧道人名可知駐錫寺觀名，也均使用括號括注在後。至於括注的地名，則盡量用原文語境中地名，因此會有同一地的不同時期的地名，如燕京、大都。少量小地名也用括號括注所屬的大地名。

（五）索引名詞之後的頁碼，分爲兩種情況，大多數正體阿拉伯數字爲正文中名詞，少量斜體阿拉伯數字爲注文中名詞。不少正文中的名詞同一頁多次出現，在頁碼後用括號括注其出現的次數。

一、人名索引

C

D

G

J

K

L

M

N

P

Q

T

W

X

Y

Z

二、地名索引

K

L

R

S

T

W

X

Y

Z

三、寺觀名索引

P

Q

S

T

W

X

四、書名索引

C

C

D

E

F

G

H

M

N

P

Q

R

S

Y

Z